モノ　部屋　人間関係　時間

＼全部スッキリ／

片づけの基本

渡部亜矢　片づけ講師
実家片づけ整理協会代表理事

Discover
ディスカヴァー

★本書は2018年11月コンビニエンスストアで限定発売した『図解　片づけの基本』を、大幅に加筆・再編集し、ハンディ版にしたものです。

はじめに

モノを片づけると時間、人間関係、悩みも解決する

片づけセミナー終了後、「片づけ方はたくさん知っています。でもちっとも片づかないんです」というお悩みを訴える人が、だいたい50人に1人ぐらいいらっしゃいます。

細かいテクニックなどは、すでにインターネットの情報などで知れ渡っているからです。片づけに悩んでいる人ほど情報を集めていますが、なかなか行動に移せないことが多いのです。そして、ますます**「私は、どうして片づけができないんだろう?」**という悩みが深くなっていくのです。その正体はなんでしょうか。

一般的に紹介されている細かい収納テクニックの数々は、たいてい片づけが得意な人が紹介しているものです。自分に合うものだけをピックアップして実行できればよいのですが、片づけが苦手な人にとっては簡単ではありません。かえって、「できない」ことを気

に病んで、自己嫌悪に陥ってしまうのです。

一方、私の講演テーマで評判がよいのは、**片づけは単なるモノの片づけでも、キレイに収納することではなく、人生をよりよくするスキル**と理解してもらったうえで、「誰にでもできる」「ラクしたい人のための」といったもの。これまで片づけに挫折した人にも、喜んで取り組んでいただいています。このセミナーと同様、**本書では、片づけが苦手な人に向けて、苦手でもできるコツ**を紹介しています。

本書のもととなったムック版は、一部のコンビニエンスストアに置かれ、すぐに増刷がかかるほどの売れゆきで、私を驚かせました。全国の「片づけに悩む」皆様が、コンビニで見かけて「ふらっ」と買ってくださったようです。

「やっぱり買おうと思って翌日コンビニに行ったら、売り切れていた」「普段、本を全く読まないけれど、この本は買って全部読めた」「わかっていることのようで、わかっていなかったことばかりで、少しずつできるようになった」というご感想をいただきました。正直にいうと、ここまで反響があるとは思いませんでした。

そして、皆様方の反響を受けて、より手に取りやすい形のハンディ版として、リニューアルさせていただきました。これまでの経験を踏まえて、質量ともにパワーアップし、片づかない人の気持ちに寄り添った形で、お届けしたところ、これまた好評。おかげ様で日本をこえて韓国でも翻訳されました。そして今回、特装版となりました。ステイホームの時間が増えるなか、**ありそうでなかった、保存版の「片づけ大全」**として、お手元に置いていただけたらと思います。

イラストの巻き髪の人物は、あなたの分身です。読みやすいところから読み進め、心に響いたことに取り組んでみてください。すべてを実行する必要はありません。気楽に始めてください。

片づけは人生の目的ではありません。しかしモノの整理をすると、時間や人間関係も整理されます。**片づけは多方面の悩みを解決し、人生にゆとりを生み出してくれます。**

本書があなたの片づけの悩みを解決し、大切なこと、好きなことに集中し、人生を輝かせるきっかけになれば幸いです。

渡部　亜矢

本書のポイント

あなたの部屋、あなたの感情、あなたの時間、
あなたの人間関係を片づける準備をしましょう。

第1章

「片づけの本当の意味」を知る

□片づけとは「自分が心地よい空間をつくること」
□私たちが最初に捨てるべきは「捨てる際の罪悪感」
□モノを大切にするとは、過去を大切にするということ

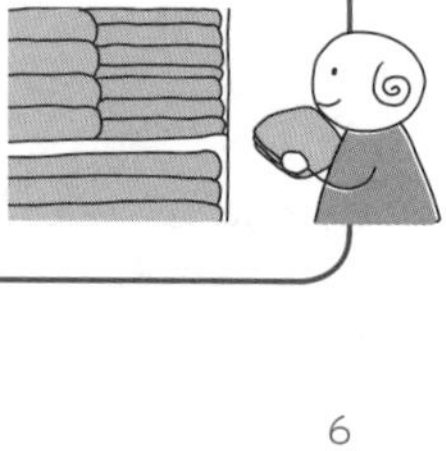

第2章

「片づけを成功させる考え方」に変える

□片づけで自己効力感を高めることができる
□いる、いらない、一時保管――「3の法則」で判断すると速い
□自分の本当の気持ちに向き合わない限り、片づかない

第3章

「スッキリをキープ」させる秘訣

□毎日行いたい片づけ・掃除は、セット動作にする
□無理しないでできるルーティンが大事
□持ちものの数を制限する

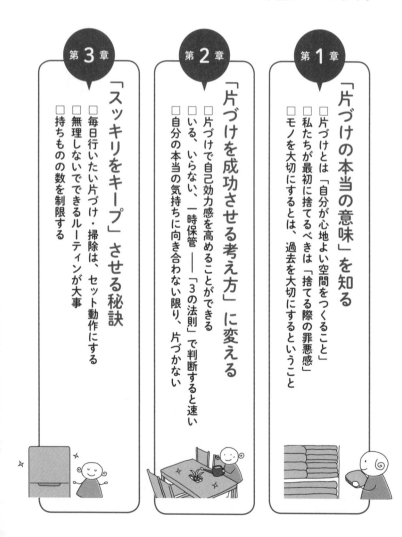

第4章

「モノをスッキリ」させる

□モノを減らすことで、自分の好みに気づく
□片づけの第一優先は、外回り、玄関、廊下
□片づけでできた空間に自分のスペースをつくるとよい

第5章

「時間と人間関係をスッキリ」させる

□仕事や家事の時間を効率化して、余白の時間を充実させる
□仕事とプライベートのグレーゾーンは仕事に割り振る
□片づけは家族とのコミュニケーションのきっかけになる

第6章

片づけは「自分磨き」

□片づけのスキルを磨き、セルフケア能力を高める
□自分の「好き」を選んで、自分らしく生きる
□片づけは、自分のことを好きになる旅

診断テスト結果

**先に左ページの診断テストをやってみてください。
その後、以下を参照して診断結果を
振り返ってください。**

1～9番にチェックが入ったら……

捨てることへの「罪悪感」を捨てましょう

1～9のモノはどれも、悩む必要がなく捨てられるモノ、いつでも手に入る不要なモノばかりです。モノを手放すことの罪悪感のベクトルを真逆に向けることが必要です。どうしても手放すことに抵抗があるなら、リサイクルや誰かに譲る方法も考えてみてください。
ため込んでいることで、その空間に払っている家賃も計算してみましょう。

10～13番にチェックが入ったら……

捨てない、片づけない「言いわけ」を捨てましょう

片づけるどころか、「捨てなくてもいい理由探し」「片づけなくてもいい理由探し」をしています。「なくてもいい理由探し」をするよう思考を変えていくことが必要です。

14番にチェックが入ったら……

いただきモノへの「思い込み」を捨てましょう

いただきモノは、贈る側の感謝の気持ちを、モノに変換したものです。もらった側に「ありがとう」と言っていただければ、そのモノの役目は終わったことになります。
使わないのにとってあるということは、「役目が終わったモノをとってある」ということになります。

15～18番にチェックが入ったら……

買いすぎの「習慣」を捨てましょう

目先の安さに気を取られ、消耗品のストックがやたら多く、片づけに時間がかかっている人です。
詰め替えシャンプーや、洗剤など、必要以上に買いだめしていることでしょう。どっしりかまえて、ストックは1つあれば十分。
買いすぎに注意するだけでも、モノのため込みが少なくなります。

片づけのクセ 診断テスト

（1）ため込みグセの原因チェック

うまく片づけられない理由は、多くの場合「考え方のクセ」に原因があります。チェックシートで診断してみましょう。

あてはまるものにチェックしてください。

- □ 1　お店でもらった紙袋を「20枚以上」とってある
- □ 2　レジ袋を「20枚以上」とってある
- □ 3　化粧品のサンプルやアメニティグッズを「5つ以上」とってある
- □ 4　包装紙を「5枚以上」とってある
- □ 5　履かない靴を「5足以上」とってある
- □ 6　ふたと本体が合わない保存容器を「3個以上」とってある
- □ 7　乗らない自転車を「1台以上」とってある
- □ 8　枯れた植木鉢を「1鉢以上」置いたままにしている
- □ 9　期限切れの通販カタログが「1冊以上」部屋のどこかにある
- □ 10　「やせたら着よう」と思って、とってある服がある
- □ 11　「いつか使うかも」と、とってあるモノがある
- □ 12　「まだ使えるから」と、とってあるモノがある
- □ 13　「高かったから」と、とってあるモノがある
- □ 14　「いただきモノだから」と、とってあるモノがある
- □ 15　洗剤やシャンプーのストックが「2つ以上」ある
- □ 16　「限定」「お得」と言われるとつい余計に買ってしまうことがある
- □ 17　通販で、あといくらで送料無料と言われて買い足しをしたことがある
- □ 18　バーゲンや安売りで買わないと損をした気分になる

診断テスト結果

先に左ページの診断テストをやってみてください。その後、以下を参照して診断結果を振り返ってください。

0～2個だったら……

優等生タイプ

あなたの片づけに対する理想は、ちょうどいいでしょう。

自分のペースを守りましょう。


3～4個だったら……

プチ理想高タイプ

あなたは、少し理想が高めかもしれません。

こうあるべきという理想に縛られている可能性もあります。自然体をめざして、片づけに取り組んでみましょう。

本来自分の身近にある小さな幸せや利便性に目を向けて、理想の部屋づくりをしていくと、自分らしく生活できるようになり、片づけのスピードもアップするでしょう。


5～8個だったら……

高いハードル設定タイプ

あなたは、完璧主義や上昇志向のやや強いタイプかもしれません。

「やっぱり服はこのブランド」「リビングはこうでなくちゃ」「片づけは最後まで終わらせないと」という厳しい視線で自分をみているので、ときには自分で自分の首をしめていることもあるかもしれません。

理想のハードルを低くしましょう。


9～10個だったら……

完璧理想主義タイプ

あなたは、片づけに対する理想が“超”高いタイプです。

自分の描いた理想が高すぎて、理想に到達できない気持ちが、イライラをもたらしています。

片づけだけでなく、生活のあらゆるものに、完璧を求めているかもしれません。

片づけはもともとできるタイプですので、まずは「○○するべき」という考え方から自由になりましょう。

片づけのクセ 診断テスト

（2）片づけの理想チェック

片づけの能力や素質はありながら、
「片づけの理想が高すぎてうまくいかない！」という人は
少なくありません。
チェックシートで診断してみましょう。

あてはまるものにチェックしてください。

- □1　いっぺんに片づけようとして、途中で終わってしまうことがある
- □2　いったん片づけ始めると、夕方までかかる
- □3　ダイニングテーブルにモノが散らかっていると、イライラする
- □4　リビングには、ソファセットがあるのが普通の家だと思う
- □5　流行の服や家具、新製品はできるだけゲットしたい
- □6　いつかとりたい資格試験の教本を何年もとってある
- □7　女性は、片づけや家事ができて当然だと思っている。でも仕事もするべきだと思っている
- □8　部屋のカラーは統一しないと部屋らしくないと思う
- □9　多少不便なデザインでも、高価なブランド物のほうがいいと思う
- □10　家に呼びたい友達や恋人がいるが、部屋が片づいていないので、今は呼べないと思う

片づけの基本　もくじ

第1章 片づけの本当の意味を知る

第2章 片づけを成功させる考え方に変える

第3章 スッキリをキープさせる秘訣

第4章 モノをスッキリさせる

第5章 時間と人間関係をスッキリさせる

第6章 片づけは自分磨き

付録

第1章

片づけの本当の意味を知る

4

片づけは健康のバロメーター

食生活にかかわるキッチンは
水場で汚れやすいので、特に要注意。
健康状態にも影響してきます。

5

「モノ」を大切にするってどういうこと？

大切にしたい過去だけ選びとり、
余白をつくって
よりよい人生を呼び込むために
片づけるのです。

6

「時間」を大切にするってどういうこと？

「行動するかどうか」が
時間の質を左右します。
つまり「行動力」がある人が、
思い通りの人生を歩めるのです。

7

「人間関係」を大切にするってどういうこと？

片づけのテクニックを人間関係にも
応用しましょう。
人間関係は自分を中心にして考え、
相手との距離を変えていくことで適切にしていきます。

第1章

片づけの本当の意味を知る TIPS 7

片づけとは、単なるモノの整理整頓を
意味するのではありません。
感情や時間、人間関係も片づけの対象なのです。

1 自分独自の心地よい空間を目指す

片づけとは、
「自分が心地よい空間をつくること」。
空間の余裕は、気持ちの余裕につながり、
ワクワクする未来を呼び込めるのです。

2 最初に捨てるべきものは？

私たちは、
なかなかモノを捨てることができません。
私たちがまず捨てるべきは
「捨てる際の罪悪感」です。

3 五感を整えて自己肯定感を上げる

目に入りやすい場所を優先して
片づけを進めると
自己肯定感が高まり、
前向きな気分になれます。

片づけの本当の意味を知る 1

自分独自の心地よい空間を目指す

片づけとは自分が心地よく感じる空間をつくること

片づけ上手な人は生き方上手

「片づけ上手」な人は、モデルルームのようなおしゃれな部屋に住んでいる――そんなイメージを持っていないでしょうか。

そうしたイメージで片づけをとらえているなら「私には関係ない」「自分にはムリ」と思ってしまうのも当然かもしれません。

私が考える**片づけとは「自分が心地よい空間をつくること」**。なぜ片づけが大切なのかというと、**いい人生は心地よい空間から始まる**ものだからです。つまり片づけとは、ワクワクする未来を呼び込むものなのです。

フリーランスのデザイナーの女性の依頼で、オフィスの片づけを手伝ったことがあります。当時の彼女は、単価の安い依頼が増えていて、仕事の数をこなす必要がありました。それで毎日忙しく、片づけに手が回らなくなっていたのです。部屋は仕事の資料であふれていました。

私は、期限を決めて古い資料は処分することを勧めました。

しばらくして、彼女からうれしい連絡がありました。**オフィスを片づけてから大きな仕事が次々と舞い込むようになった**というのです。

しかし、考えてみれば不思議でも何でもありません。整理されていない資料は、探すにも時間がかかります。机まわりがスッキリしていれば集中力も上がり、効率もよくなります。よい仕事をスピーディにこなせる人に、仕事が来ないわけがないのです。

空間の余裕は気持ちの余裕につながる

時間がない。お金がない。仕事や人間関係がうまくいかない……。今のあなたに複数の悩みがあるなら、それは部屋が散らかっているせいかもしれません。

血栓ができると血液の流れが止まってしまうように、**生活空間にモノがあふれていると、人生の流れが悪くなります。**モノには、過去の記憶や感情がこもっていますから、モノがあふれると未来が流れ込む余裕がなくなってしまうのです。

空間の余裕は、気持ちの余裕につながり、他人への嫉妬など余分な感情も起きなくなります。自分の人生に集中し、思い通りの人生を歩めるようになります。

POINT

片づけとは自分が心地よく感じる空間をつくること

片づけで人生が変わる理由

時間に追われなくなる

探し物の時間がなくなり、行動しやすくなる

ムダなお金を使わなくなる

自分が好きなこと、好きなモノがわかりやすくなるため

人間関係がよくなる

精神的な余裕ができるので、周りから好意を持たれやすい

決断力がつく

自分に集中できるので本当に必要なものを選びやすい

自分を客観視しやすくなる

感情の整理をしやすくなる

人生が変わる！

片づけの本当の意味を知る 2

最初に捨てるべきものは？

モノも人間関係も「選んで大切にする」ことが重要

捨てることへの〝罪悪感〟を捨てる

もう必要ないけれど昔大切にしていたモノ、まだきれいだけれど着ない洋服……。部屋の中が〝いらないモノ〟であふれていませんか。

心地よい空間づくりの第一歩はモノを減らすこと。けれど、どうしても「もったいない」「いつか着るかも」と捨てない理由探しをしてしまいます。

私たちは、親や祖父母から「モノを大切にしなさい」と教わってきました。この教えに間違いはありませんが、モノがあふれる時代に生きている私たちは「モノを選んで大切にする」ことが必要。つまり、**私たちが最初に捨てるべきは「捨てる際の罪悪感」**です。

特に、人からの「いただきモノ」は捨てられないものです。それは、せっかくの好意を、自分勝手に踏みにじるような罪悪感を感じるからです。しかし、これは本当に感じる必要がある気持ちでしょうか。

お中元やお歳暮、出産祝いなど、日本人はコミュニケーションにモノを使う習慣がありますが、これは「いつもお世話になります」「こちらこそありがとう」で完結するコミュニケーション。つまり**「いただきモノ」**は**「すでに役目を終えたモノ」**。ですから、捨てることに罪悪感を持つ必要はまったくないのです。

人間関係も選んで大切にする

実は、人間関係も「いただきモノ」と同様に、片づけることに罪悪感を感じるものです。もちろん「友達を大切にする」のはすばらしいことですが「ランチはいつも一緒に」とか「友人と始めた習いごとだからやめられない」など、すべてが友人優先になってしまうと問題です。

そういう私も、20代の頃、お酒も飲めないのに、飲み会のお誘いは断らず、参加すれば、勧められるままに飲んでいた時期もありました。断ると人間関係が築けないと思っていたのです。

しかし、あるとき思い切って断ってみたら、**飲み会のおつきあいをやめても、仕事も人間関係もたいして変わらない**ことに気づきました。現在では「未成年ですから」という冗談で断れるほどになっています。

POINT

モノを選んで大切にすることで自分自身を大切にすることができる

捨てることに罪悪感を持たない

×

モノを大切にする → モノを捨てるときに「罪悪感」となる

モノは
大切に・・・

捨てられ
ない!!

○

モノを選んで大切にする → 不必要なモノを手放せる

どれに
しよう

こっちは
いる
こっちは
いらない

片づけの
本当の
意味を知る
3

五感を整えて自己肯定感を上げる

ていねいに生活することは、自分をていねいに扱うことに通じます

散らかった部屋はネガティブな気分を呼ぶ

散らかった部屋で暮らすことでもっとも問題なのは、自己肯定感が下がってしまうことです。

人間は五感の中でも、特に視覚に頼って生活しています。そのため、**乱雑な部屋が目に入ると「自分はダメだ」とネガティブな気分になってしまう**のです。

反対に、片づけは「できた」という感覚をもたらし、自己肯定感を高めてくれます。会社の人間関係で悩んでいた人が、机を毎日片づけて帰ることにしたら、朝会社に行くのにおっくうな気分がなくなったと報告してくれました。スッキリした机にペットの写真を置いたら、仕事中にリフレッシュできるようになったそうです。

この例からもわかるように、**片づけのコツは「一番、目に入りやすい場所」を優先すること。**そうすることで、自己肯定感が高まり、前向きな気分になれる効果があります。

五感を研ぎ澄ませる

片づけに五感を利用する方法もあります。

・**聴覚**　ウキウキできる曲を片づけのテーマ曲にすれば、その曲を流すことで、片づけスイッチが入り、身体が動きやすくなります。

・**嗅覚**　生ゴミやほこりのにおいなど、においの気になる部分を優先的に片づけることで、ネガティブな気分を防ぐ効果があります。

・触覚　片づけの際にモノを処分するかどうか迷ったら、さわり心地や着心地に意識を向けると、心が決まりやすくなります。靴の処分は履き心地を優先する、ザラッとするところから片づけるなども、触覚を優先して片づける例です。

・味覚　暮らしづらいほど部屋が散らかっていると、食生活は外食や中食に頼りがちです。塩分過多になりやすいので、部屋を片づけることで、ていねいな生活を始め、正常な味覚を取り戻しましょう。

自己肯定感を大切にするには、心地よい空間が不可欠です。片づけは、毎日を大切に過ごすための第一歩と言えます。

POINT

五感をフル活用すると片づけが加速する

五感が片づけに与える影響は絶大

視覚

目に入りやすい
場所から片づけると
達成感を感じやすい

聴覚

片づけの
テーマ曲を決め
その曲を聞きながら
実践するとはかどる

嗅覚

生ゴミや
ほこりのにおいを
感知することで
片づけなければと
危機感を覚える

触覚

着心地・履き心地が
処分の決め手になったり、
ほこりのザラッと感が
片づけ開始の合図となる

味覚

部屋を片づけると
正常な味覚が戻り、
ごはんが美味しくなる

片づけの
本当の
意味を知る
4

片づけは健康のバロメーター

片づいた部屋は気持ちと体を健康な状態に保ちます

片づけられないのは心が疲れているから!?

早朝に外出して、帰宅も夜遅く、といった忙しい生活をしていると、部屋が汚れがちです。ある程度片づいた部屋であれば毎日7~8分程度で清潔さを保てるのですが（98ページ）、忙しすぎるとそれすらできなくなるのは当然です。

これは必ずしも時間のなさだけが原因ではありません。「忙しい」の「忙」には「心を亡《な》くす」という意味があります。つまり、**忙しさは心を疲れさせるもの**なのです。

気が張っていると、精神的疲労にはなかなか気がつけません。しかし、**隠れた疲労のせいで、ほんの数分の片づけができなくなってしまう**のです。

散らかった部屋では本当のリラックスは得られませんから、疲れが疲れを呼ぶマイナスのスパイラルに入ってしまいます。

反対に、居心地のよい空間をつくれば、リラックスする余裕も生まれます。これが、**人生の好循環のきっかけになる**わけです。

心の疲れはキッチンに表れやすい

心の乱れは、体の健康状態にも影響を与えます。というのも、**精神的な疲労はキッチンに出やすいからです**。キッチンは水場ということもあり、どうしても汚れやすい場所です。他の場所よりもマメな片づけが必要な場所なのです。

また、キッチンは食生活のベースとなる場所です。朝食抜きが続いたり、外食の多い生活になりがちなのも、実は「キッチンの居心地の悪さ」が原因にあります。実際、**キッチンの片づけがうまくできるようになると、外食が減る人は多いのです。**

栄養面でも外食は問題が大きいですし、金銭的なコストの問題もあります。部屋が片づいてくると、食生活がよくなって、健康状態がよくなったり「いつの間にか贅肉も一緒に片づいた」という人もいます。**片づけはダイエットにもつながるのです。**

片づけが上手になると、時間やお金の計画や管理も上手になるという効果もあります。お金も時間もかけないで、健康的な食事をつくれるようになるのです。

POINT

キッチンをマメに片づけると心と体が整う

キッチンを清潔に保とう

見えるところに道具を出さない

できるだけ棚の中や引き出しなどに収納すると、掃除がしやすくなり、見た目もアップ

釣り下げ収納はNG

S字フックを利用した釣り下げ収納は片づけが苦手な人には向かない。ホコリと油でベトベトになってしまう

キッチン用品を減らす

巻き簀、フードカッター、ケーキを焼く道具など、3 年以上使っていないものは捨てる

片づけの
本当の
意味を知る
5

「モノ」を大切にするってどういうこと？

過去を捨てて、未来が入る余白をつくりましょう

余白をつくって未来を呼び込む

モノを大切にするということは「過去を大切にする」ということでもあります。気に入って買った洋服、プレゼント、旅行先で買った記念品……。これらはすべて自分の過去と結びついています。**形あるモノは「すべて過去のもの」**なのです。

「部屋を片づけたくても、モノが多くて片づかない」と言う人がいますが、それは人生が過去でいっぱいになっているということ。過去でパンパンになった人に、よい未来は来るでしょうか。自分の過去の中から、大切にしたいものだけを選び取り、余白をつくっていきましょう。

余白がなければ、よりよい人生、未来を呼び込むこともできません。**もう必要ない過去のモノに囲まれていると、自分の可能性を狭めてしまいます。**モノを捨てて、余白をつくるわけです。

大切な思い出を大切に扱う

もちろん、すべてを捨てなければいけないわけではありません。**大切な思い出のモノは残し、すでに興味を失った過去のモノはすべて捨てる。**これだけで部屋にも、心の中にもスペースが生まれます。

ただしその際、**「本当に大切な思い出を大切にしているか」**を振り返る必要はあります。

以前、片づけの手伝いに伺ったお宅で、1枚の写真を見つけたことがあります。

海辺で夕日を見ているカップルの後ろ姿を撮ったカレンダーのような写真でしたが、コーヒーの染みがついてヨレヨレになっていました。

必要ないものだと判断し、「この写真は（捨てても）いいですよね？」と確認したところ、なんと新婚旅行先のハワイで写したご夫婦の写真だと言うのです。「大切な思い出だから捨てられません」と言われましたが、それならフレームに入れて飾るなり、アルバムに保存するなりしたほうがいいでしょう。コーヒーの染みがつくほど、雑に扱うものではないはずです。

モノをぞんざいにしていると、思い出も汚れてしまいます。「**思い出を大切にする**」とは「**モノを大切にする**」ことでもあることを忘れないようにしましょう。

POINT

過去を整理して未来への可能性を広げる

部屋にも心にも余白が必要

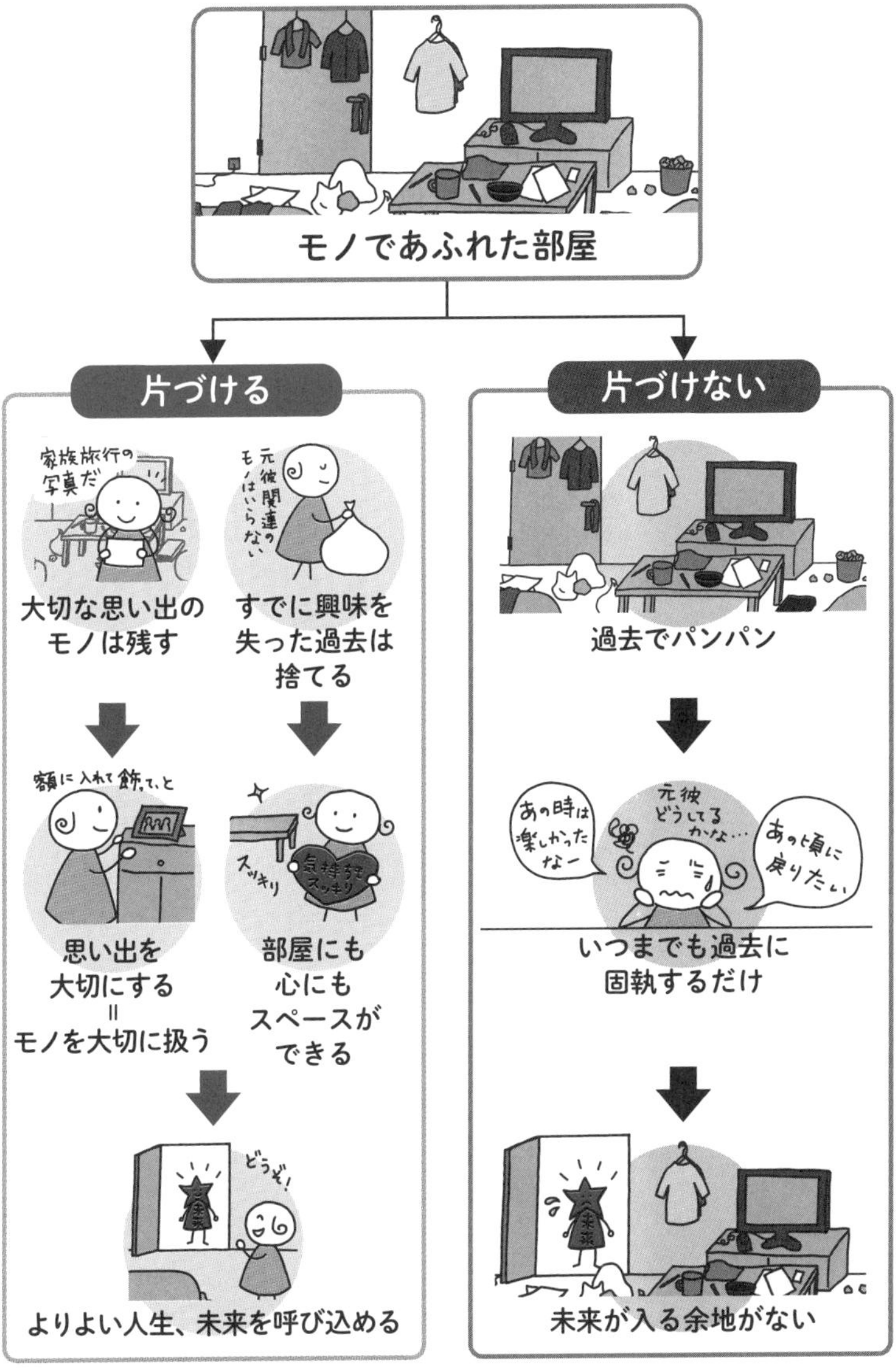
モノであふれた部屋
片づける
家族旅行の写真だ
大切な思い出のモノは残す
元彼関連のモノはいらない
すでに興味を失った過去は捨てる
額に入れて飾って、と
思い出を大切にする
=
モノを大切に扱う
スッキリ
気持ちもスッキリ
部屋にも心にもスペースができる
どうぞ!
未来
よりよい人生、未来を呼び込める
片づけない
過去でパンパン
あの時は楽しかったなー
元彼どうしてるかな…
あの頃に戻りたい
いつまでも過去に固執するだけ
未来
未来が入る余地がない

片づけの本当の意味を知る 6

「時間」を大切にするってどういうこと？

片づけをすると時間が増え、思い通りの人生を歩めます

行動することで時間の質を上げる

時間は、誰にでも平等に与えられた資産ですが、想像以上に少ないのが時間でもあります。

たとえば、親子の時間。関西大学社会学部の保田時男教授によると、親子が一緒に過ごす時間は、母親が約7年6ヶ月、父親が約3年4ヶ月。それだけなのです。

親子が別居している場合「共に過ごす日数＝親の残り寿命（年数）」という目安もあります。仮にデータ通りだとすると、現在80歳の母親と過ごせるのはあと7日だけかもしれません。時間の大切さを感じるデータではないでしょうか。

時間は資産。運用次第で質が変わります。**時間の質を左右するカギは「行動するかどうか」**です。行動すれば、時間の質は劇的に改善できるのです。

片づけをすれば快適な空間を得られますし、勉強してスキルアップできるかもしれません。ダイエットも日々の積み重ね。数ヶ月後には結果となって表れてくるでしょう。つまり「**行動力」がある人ほど、思い通りの人生を歩める**のです。

片づけで行動力を高める

片づけは、行動力を上げるのにも役立ってくれます。寝る前に片づけをするのも、オフィスの机まわりを片づけて帰宅するのも、翌朝という未来への投資です。スムーズに身支度や仕事に取りかかれるため、行動力が上がります。

片づけをすると、**探し物をしている時間が少なくなる**のもメリットです。片づけが苦手な人向けの講座では、時折遅刻してくる人がいますが、理由の多くを「探し物」が占めています。しかし、1日10分、探し物をする人は、1年で約2・5日も探し物をしている計算になります。

「時間に追われる」感覚は、行動するための準備ができていないことによります。**片づけで行動する時間を増やしましょう。**

知人のエアロビクスのインストラクターは、信号待ちや電車に乗車しているときも、かかとを上げ下げしているそうです。**どんな過ごし方をしていても、時間は過ぎていきます。**今この瞬間も、どんどん過去になっていきます。時間は取り戻すことのできない資産です。

POINT

時間の質を上げる行動力が人生を左右する

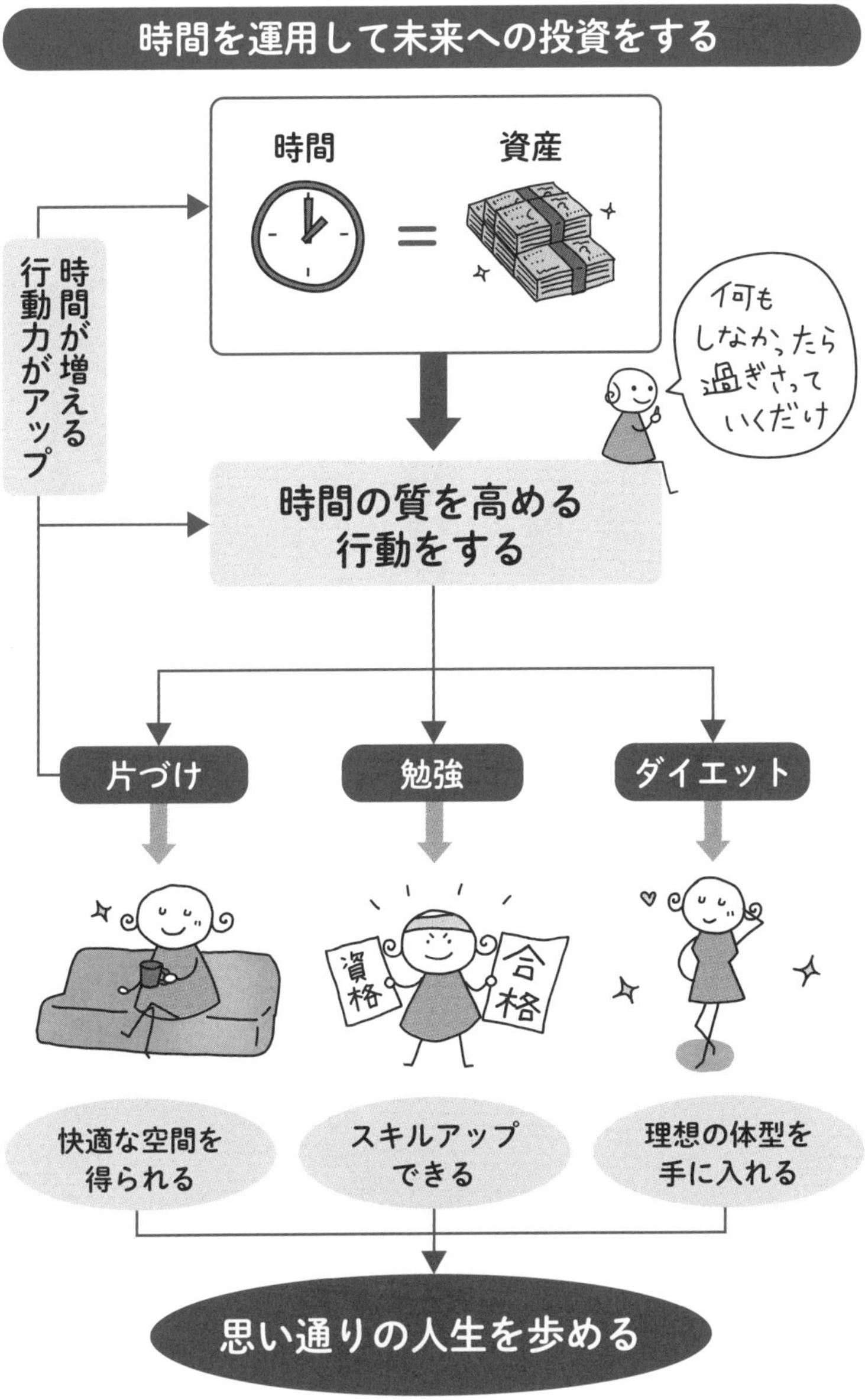
時間を運用して未来への投資をする
時間
資産
時間が増える
行動力がアップ
何も
しなかったら
過ぎさって
いくだけ
時間の質を高める
行動をする
片づけ
勉強
ダイエット
資格
合格
快適な空間を
得られる
スキルアップ
できる
理想の体型を
手に入れる
思い通りの人生を歩める

片づけの本当の意味を知る 7

「人間関係」を大切にするってどういうこと？

「変えられること」に集中すれば、人間関係もスッキリ

片づけと人間関係の深い関係

片づけについての相談を聞いていると話題が人間関係に及ぶことがありますが、「片づけをしているうちに悩みが軽くなった」と言われることがよくあります。これは偶然ではありません。片づけは人間関係の悩みにも応用できるからです。いくつか片づけに似た言葉がありますが、ここで定義してみましょう。

- **片づけ**……大事なモノ、コトを選んで、適切に収めること
- **整理**……不要なモノを手放すこと。捨てる、あげる、売るなどの方法がある
- **整頓**……大切なモノを並べること
- **掃除**……ゴミや汚れを取り除くこと

実際に片づける際は、「片づけ」と「整理」をセットで行うことがコツです。**大事なモノ、コトを選択し、適切に収めるのです。**

自分ができることに集中する

悩みというのは、思考がごちゃごちゃに散らかった状態です。大切なコトと大切でないモノが入り乱れ、不必要な情報のゴミも混じっています。散らかった部屋と同じ状態なのです。

こうした状態では、「大事なモノ、コトを選んで適切に収め」ながら、「不要なものを処分する」ことが有効です。つまり頭の中を片づける必要があるわけです。

悩みを片づけるコツは「**変えられること**」「**変えられないこと**」に分けること。

そして、**「変えられないこと」は捨てる**のです。「変えられないこと」の代表は、他人の性格や態度。他人を変えたいという考えは捨てましょう。

大切なのは「変えられること」に集中すること。そうすることで人生はよくなります。「変えられること」の代表は自分。自分の考え方や態度は自由に変えられます。たとえば「どうしてもやめてほしいことを1つだけお願いする」「子どもには自ら率先して手本を示す」「苦手な相手と距離をとる」など自分ができることを考えるのです。

人間関係は自分を中心に考えないと、どうしてもイライラが多くなります。大切な相手を選んで、それ以外の人とは距離を変えることも方法のひとつです。

POINT

相手との距離感は自分自身で決めればいい

人間関係は自分を中心にして考える

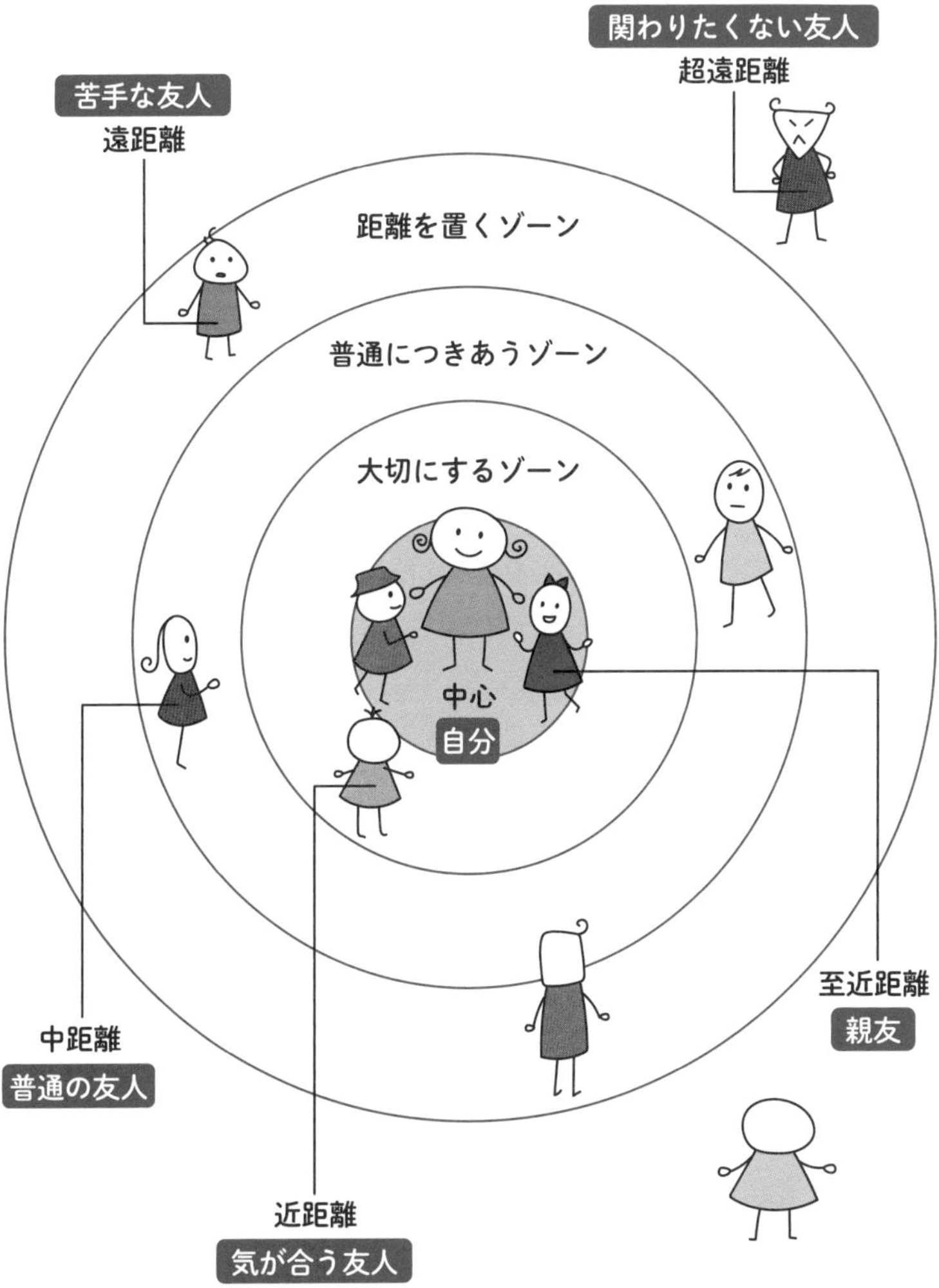
関わりたくない友人
超遠距離
苦手な友人
遠距離
距離を置くゾーン
普通につきあうゾーン
大切にするゾーン
中心
自分
至近距離
親友
中距離
普通の友人
近距離
気が合う友人

COLUMN

片づけが苦手でも劣等感を持たないで

片づけの講座では、「片づけの得意・不得意に、男女の差はあるのか?」という質問を受けることがあります。私がこれまで接した人について言うと、「男女差よりも、個人差のほうが大きい」が答えです。
とはいえ、私の講座に参加する人、また相談してくる人の多くは女性。「片づけの得意・不得意」に男女差はないものの、「片づけに悩むかどうか」には歴然とした男女差があると感じています。

これは、日本で根強い男女の役割分業の意識のせいでしょう。男性の場合、片づけをしなくていい家庭で育ち、そのまま結婚して奥さんが身の回りの世話を多く担っている、というケースは珍しくありません。男性のほうが片づけができなくても容認されやすい環境にあるということです。

逆に女性の場合は、子どもの頃から「片づけができないなんて女の子らしくない」と叱られ、苦手意識や劣等感を持つ人が、非常に多いようです。多くの女性が外で働く時代になった現在でも、家事が行き届かないと「女性としての役目を果たせない」と深い劣等感を持ってしまうわけです。

ただし、片づけは行動でしかありません。周りの人や家族、職場などで片づけを学習する環境があれば、ある程度はできるようになるものです。現状、できていないのは学んでいないから。本書で学んで実践すれば、必ず片づけスキルは向上します。家族でコミュニケーションをとって一緒に片づけをする、どうしても苦手なら片づけサービスを頼む方法もあります。女性らしくないと劣等感を持つ必要はまったくありません。
片づけは男女を問わず、生き抜くために必要な生活スキルです。片づけを学び、実践しながら、将来を担う子どもたちや家族、周りの人にスキルを伝えていけば、互いに快適に過ごせる世界が実現できるのではないかと思っています。

第2章

片づけを成功させる考え方に変える

12

片づけの深層心理――「自分の本心」と向き合う

満たされない
気持ちをモノで
埋めようとしても
埋まりません。
自分の本当の気持ちに
向き合いましょう。

13

自分を責めない。他人をうらやまない

「片づけが苦手な自分を
ダメな人間」と
思わないでください。
他人と自分を比べるのも
やめてください。

14

D言葉をやめ、ポジティブ言葉をログセに

ポジティブな
言葉を繰り返し
使うことで
片づける力が
生まれてきます。

15

片づけの話をたくさんする

片づけの悩みを
オープンに打ち明けるほど
情報は集まってきます。

16

サンクコストにとらわれないで

片づけは、お金の尺度ではなく、
自分の価値観を大切にして
進めていきましょう。

17

散らかり放題の悲惨な部屋なら、思い切ったリセットをしよう

家のエリアを分割して、
1週間に1度、60点取れる程度に、
1エリアを片づければOKです。

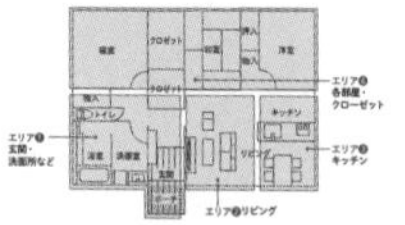

第2章 片づけを成功させる考え方に変える TIPS 10

「片づけたい」と思っているのに、
片づけられない……。
そのような人のための思考法をお教えします。

8 小さな成功体験で自信をつけ、片づけの好循環に入る

小さな目標を立てて、
片づけを行うことで
短時間で大きな成功体験を
得ることができます。

私は
すごく
いい!!

9 ビンゴゲームで、現状から抜け出す

ビンゴを通じて自分と
向き合うことで、片づけの
問題点が見えてきます。

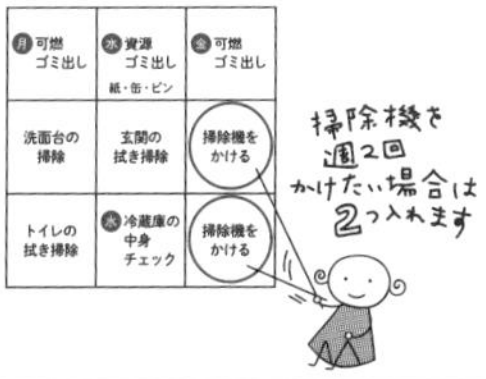
月 可燃ゴミ出し
水 資源ゴミ出し 紙・缶・ビン
金 可燃ゴミ出し
洗面台の掃除
玄関の拭き掃除
掃除機をかける
トイレの拭き掃除
木 冷蔵庫の中身チェック
掃除機をかける
掃除機を週2回かけたい場合は2つ入れます

10 いる・いらない・一時保管——「3の法則」ならサクサク片づく

3秒以上迷うなら
「一時保管」にすると決めると
迷うことなく片づけを
進められます。

賞味期限
2015.8.10

11 「意志力の片づけ」から「条件反射」の片づけに

「自己暗示をかける」

「行動を声に出す」

「ゲーム感覚を取り入れる」

などいろいろ試して
みましょう。

自分はすぐに
動けるタイプ

片づけを成功させる考え方に変える 8

小さな成功体験で自信をつけ、片づけの好循環に入る

片づけで成功体験を積み重ねれば自分自身が好きになれます

「できた！」という体験で自己効力感を高める

多くの人は、自分自身のプラスの面よりも、マイナスの面に意識が向く傾向があります。たとえば「英語が得意で運動が苦手」な人が、運動ができないことでコンプレックスを抱えてしまうといったことです。

同じように、部屋が散らかっていると、他のことはできていても「自分はダメ

だ」という気持ちになりがちです。

これは心理学の言葉で言えば、自己肯定感（＝「自分が好き」という感覚）が下がるということ。そんな状態を切り抜けるコツは、自己効力感（「自分はできる」という感覚）を高めることです。誰でも「自分ができないこと」に目を向けて、自己肯定感を失いがちですから、**自分を好きになるには、「できた！」という成功体験で自己効力感を高めるといい**のです。

いきなり大掃除はNG！ まずは小さな目標から

自己効力感を高めるためにも、片づけは効果の高い方法です。短時間でも、大きな成功体験を味わうことができるからです。

片づけで成功体験を味わうコツは、**小さな目標を立てること**。「散らかった家ぜんぶをなんとかしたい」という目標はNG。**場所を限ったほうがいい**のですが、リビングを選ぶのは危険です。リビングは家族共通のモノと個人のモノが混在していて、難易度が高いからです。

最初に選ぶのは自分の裁量で進められる個人スペースがいいでしょう。ダイニングテーブルだけ、洗面所などに限定するのもオススメです。お風呂好きならバスルーム、ファッション好きならクローゼットなど、自分が好きなモノだけ取りかかるのもいいでしょう。場所やモノを限定しても、まだ取りかかる気持ちになれないなら、**「気持ちが入っていないモノの置き場所」**から始めるとうまくいきます。たとえば、試供品の化粧品など、思い出の品ではないモノで散らかった場所。これなら迷わず捨てられます。

小さなスペースが片づくと、他の場所も片づけたくなってくるもの。まずはできるだけ簡単なところに取り組めば、ポジティブな方向に回り出すでしょう。

POINT

片づけで自己効力感も自己肯定感も高まる

片づけはポジティブな連鎖を生む

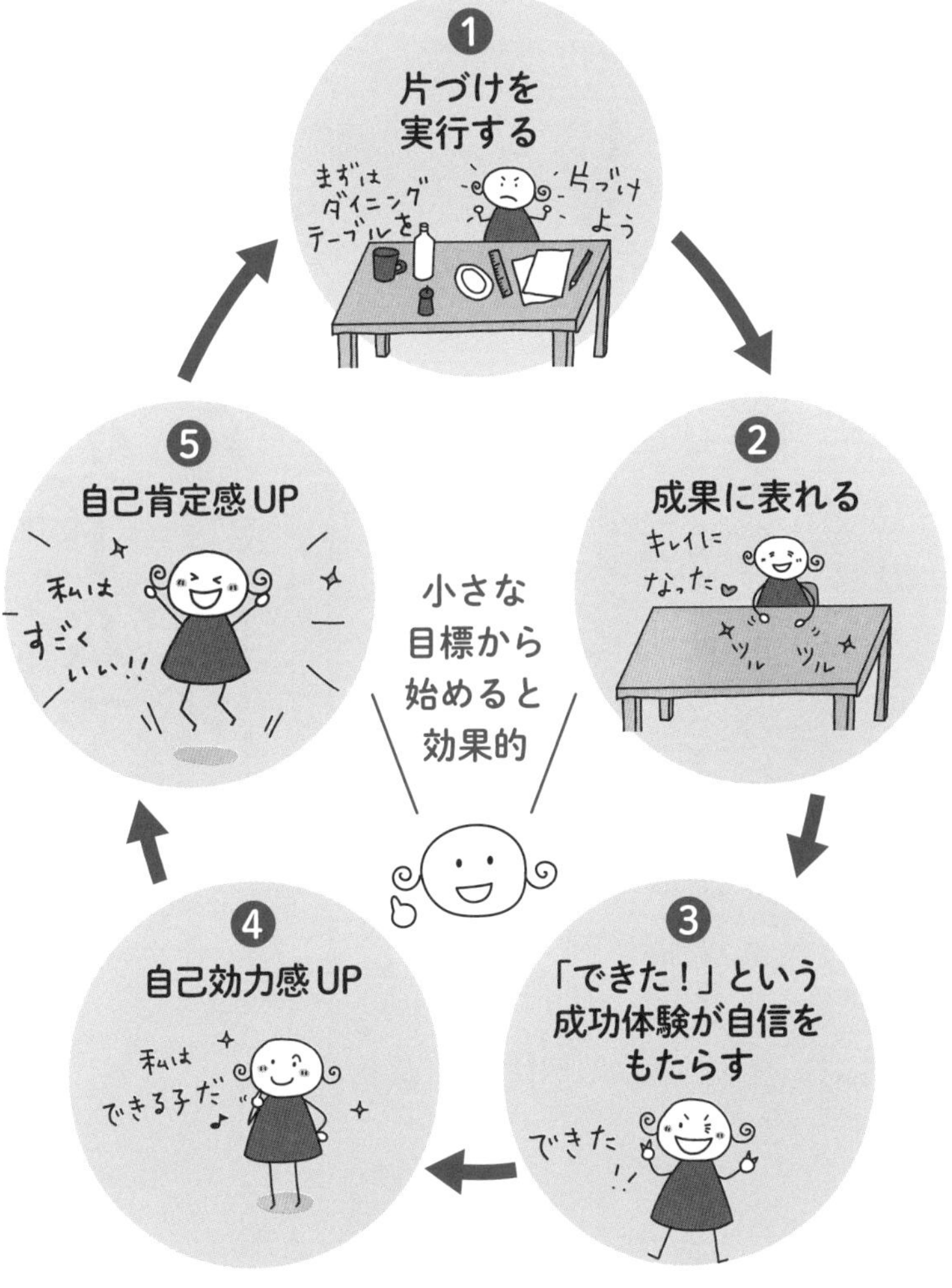
①
片づけを
実行する
まずは
ダイニング
テーブルを
片づけ
よう
②
成果に表れる
キレイに
なった
ツル
ツル
③
「できた！」という
成功体験が自信を
もたらす
できた
!!
④
自己効力感UP
私は
できる子だ
⑤
自己肯定感UP
私は
すごく
いい!!
小さな
目標から
始めると
効果的

片づけを
成功させる
考え方に変える

9

ビンゴゲームで、現状から抜け出す

ビンゴゲームで自分と向き合い、片づけの経験値を積みましょう

ビンゴで「あたりまえ」に実行する

片づけが苦手な人は、そもそも片づけを実行していない、つまり経験値が少ないことが原因であることが多くあります。たとえば、英語が得意な人は英語と接している時間が長く、だからこそますます得意になっていきます。片づけも同じです。そこで、ゲーム感覚で経験値を積んでいける方法をご紹介しましょう。

おなじみのビンゴゲームです。ただ、一般的なビンゴゲームでは、縦横斜めのうち、一列消えればOKですが、片づけビンゴは全部消えたらビンゴです。

まず、9つのマスを書きましょう。そして9つのマスに、1週間で最低限これだけはやりたいということを書き込みます。ゴミ捨てが週に3回あるなら、まずはそれを書いてみましょう。書き終わったら、冷蔵庫など目につきやすいところに貼り、やったものを×で消していきます。

1週間のビンゴができるようになったら、次に**自分の片づけの現状を観察する「片づけの問題点見える化ビンゴ」をつくってみましょう。**たとえば、マスの真ん中に、「散らかっているクローゼット」と書きます。そのまわりに、「着ない服がたくさんある」「衣替えが途中」「靴下がばらばら」などと書いていきます。それをもとに、どうすればいいかを考えて、問題解決のビンゴをつくります。

「やればできる」という自信過剰から抜け出す

人は、やりかけのままでいると気持ち悪く感じる習性があります。**目につきや**

すいところにビンゴ表を貼っておくことで、目にするたび、「やらなくちゃ」という片づけのスイッチが入るでしょう。3週間ほど続けるうちに、次第にあたりまえに実行できるようになり、経験値も増えてきます。

このビンゴゲームは、「片づけは、やろうと思えば、できる。できないのは忙しいから」というように、自分の片づけ能力を過信していたり、できない理由を並べて永遠に先延ばしにしている「現実逃避型」の人に向いています。

片づけは、散らかっている自分のネガティブな面と向き合わない限り解決しません。ビンゴを通じて、自分の現実と向き合い、問題解決をして進歩していける自分を取り戻していきましょう。

POINT

ゲーム性を取り入れることで、遊び感覚で楽しく経験値を積んでいくことができる

ビンゴゲームをしながら経験値を積もう

チラシ裏などに9つのマスを書いて毎週つくって実行しよう

「もっとできる!」という人は1日のやることビンゴもつくってみよう

○月○日の週のやることビンゴ

月 可燃ゴミ出し	水 資源ゴミ出し 紙・缶・ビン	金 可燃ゴミ出し
洗面台の掃除	玄関の拭き掃除	掃除機をかける
トイレの拭き掃除	水 冷蔵庫の中身チェック	掃除機をかける

掃除機を週2回かけたい場合は2つ入れます

週間のビンゴができるようになったら自分の片づけの現状を観察し解決法を考えよう

問題の場所を真ん中に記入し、その原因や解決法を周りに書いていこう

片づけの問題点見える化ビンゴ

着ない服がたくさんある	衣替えが途中	靴下がばらばら
引き出しがパンパン	散らかっているクローゼット	服が脱ぎっぱなし
何かにおう	服以外のモノが入っている	入らない服をパイプハンガーにかけている

チェンジ!!

問題解決ビンゴ

着ない服は処分する	1年分が収まる量にする	靴下はお気に入りをまとめて買う
引き出しは5割に収まる量にする	スッキリしたクローゼット	服はすぐにハンガーにかける
消臭剤を置く	服以外のモノはあるべき場所へ戻す	パイプハンガーを捨てる

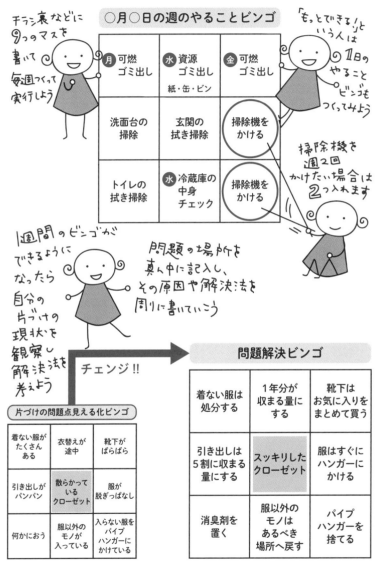

片づけを
成功させる
考え方に変える

10

いる・いらない・一時保管——「3の法則」ならサクサク片づく

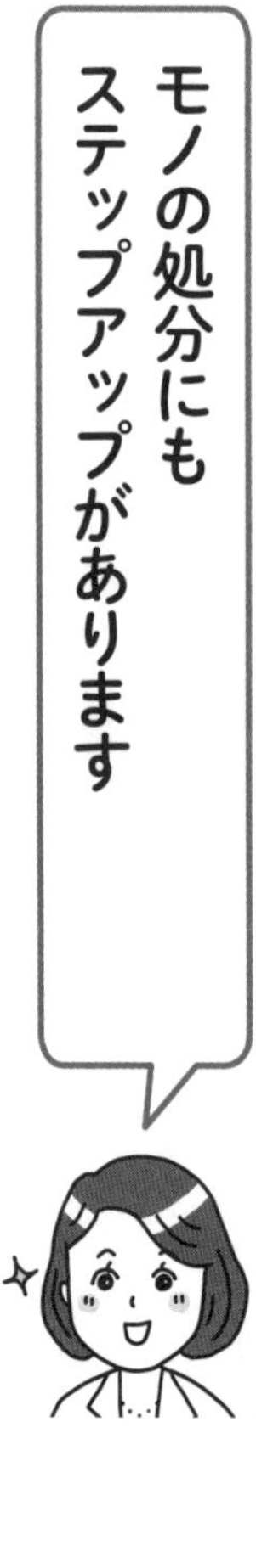

捨てられないモノとしばらく距離をとる

片づけ始めると「これは捨てていいだろうか」と迷うことは多いでしょう。そこで一切迷うことなく、3秒で決める方法があります。**①いる** **②いらない** **③一時保管** で判断する方法です。

たとえば、契約書や財布など**絶対に必要なモノ**は「①いる」と瞬時にわかります。同様に**壊れたモノ、腐ったモノ**は「②いらない」とわかるでしょう。

ところが一瞬で判断できないモノもあります。「高価だった」「思い出があるから」など、捨てない理由を考えてしまうモノです。片づけられない人は捨てない理由を探します。そして、さんざん迷った末に、「とっておく」という判断をするので、モノが増えて散らかるのです。

そこで、**3秒以上迷うモノ**は、「③一時保管」にします。少しでも迷ったら、専用の箱やゴミ袋に入れて、目につきにくいところにしまいましょう。人間は目にする回数が多いほど「大切なモノ」と感じる傾向（単純接触効果）があります。人は目にしなくなった一時保管のことは、忘れてしまうのです。

モノと距離をとると気持ちは離れます。半年以上忘れて放置しているようだったら、中身を見ないで処分しましょう。大事なモノは入っていないはずです。

片づけを繰り返して直感力・決断力を磨く

100個以上バッグを持っていたある女性は、「すべて大切」とはじめは言っていましたが、3の法則を行った結果、「①いる」は半分の50個前後となりました。

そして、1週間後に「①いる」を再度「3の法則」で見直してみたところ、さらに半分の25個は「②いらない」に回すことになったのです。これを繰り返し、最終的には10個まで減らすことができました。

こうして3の法則で片づけを何度か経験すると、**物事を決断する力が高まります。そしてそのうち、「③一時保管」もだんだん減って、「いる・いらない」の2択に、自然と変わってきます。**

部屋は、お気に入りのモノ、必要なモノだけになり、買うときにも、本当に好きなモノだけを選べるようになるので、ムダ遣いも減ります。

POINT

片づけの判断に3秒以上悩まない

「3の法則」で片づけよう

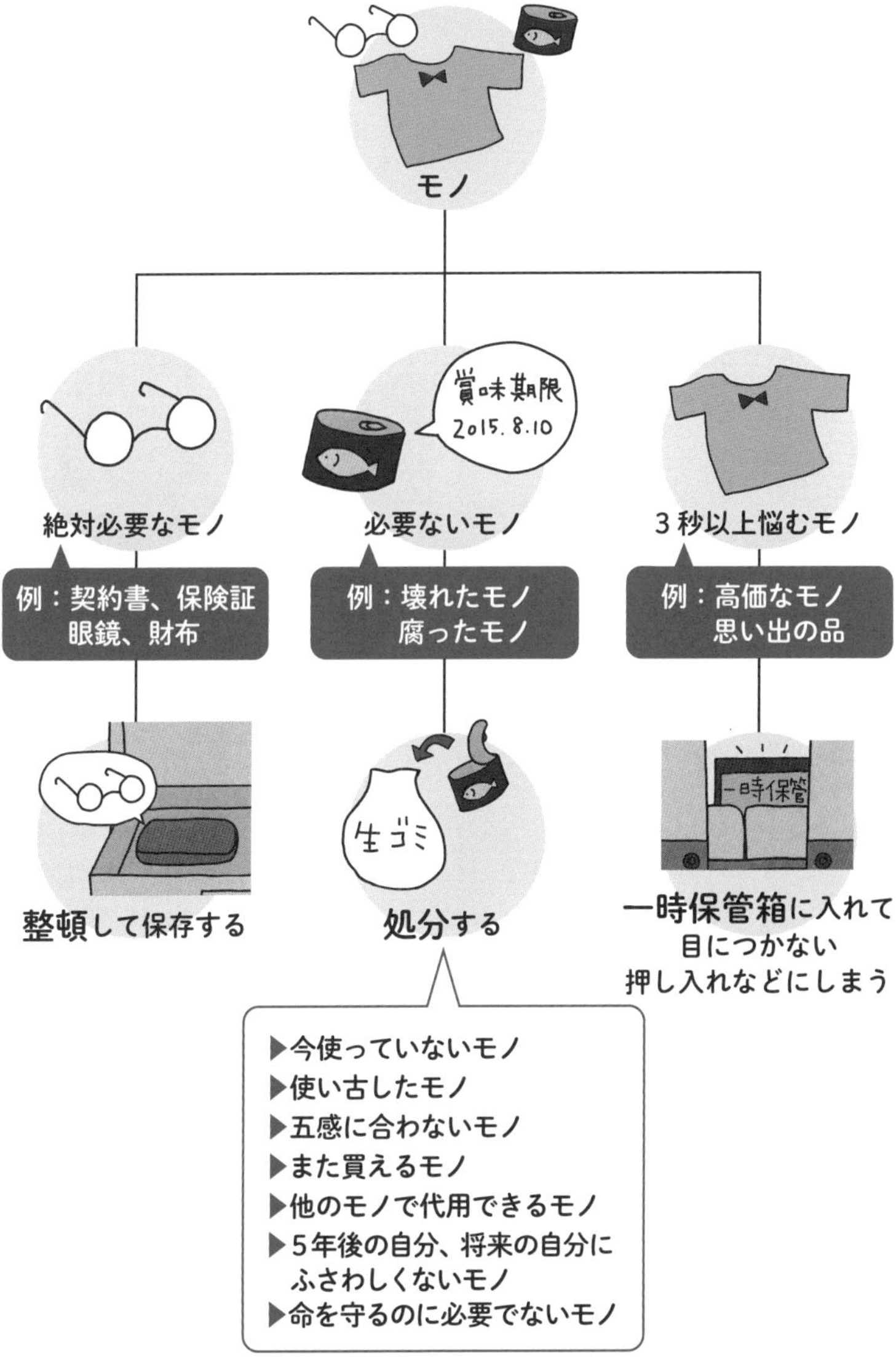
モノ
絶対必要なモノ
必要ないモノ
3秒以上悩むモノ
賞味期限
2015.8.10
例：契約書、保険証
眼鏡、財布
例：壊れたモノ
腐ったモノ
例：高価なモノ
思い出の品
整頓して保存する
生ゴミ
処分する
一時保管
一時保管箱に入れて
目につかない
押し入れなどにしまう
▶今使っていないモノ
▶使い古したモノ
▶五感に合わないモノ
▶また買えるモノ
▶他のモノで代用できるモノ
▶5年後の自分、将来の自分にふさわしくないモノ
▶命を守るのに必要でないモノ

片づけを
成功させる
考え方に変える
11

「意志力の片づけ」から「条件反射」の片づけに

行動力が足りないのは、意志が弱いからではありません

意志力に頼ると何事も続かない

片づけが苦手な人は、自分を「意志が弱い」と思い込んでいる人が多いようです。その理由は「やればいいのに、できないから」というもの。しかし、行動を起こすには意志に頼るより、条件反射に頼ったほうがうまくいきます。ボールが飛んできたら受けるか、よけるか——考える前に、条件反射で行動するように、

努力せずに、片づけができるようになるコツがあります。

- **自己暗示をかける**　自分はすぐに動けるタイプと心に刷り込みましょう。意志が弱いという思い込みを言い訳にできなくなります。
- **行動を声に出す**　行動予定を声に出すことで、脳に明確な命令を伝えます。
- **行動した後としなかった後を想像する**　行動した結果の「理想的未来」を楽しむ自分をイメージします。
- **ちょっとだけやってみる**　床に置きっ放しの本を本棚にしまうなど、ハードルが低い行動が次の行動につながります。
- **「これだけはすぐやるリスト」を用意しておく**　コーヒーカップだけは洗って寝るなど、リストアップして自分のこだわりにします。
- **ゲーム感覚を取り入れる**　58ページのビンゴゲームやごほうび作戦、勝ち負けをつけるなどゲーム感覚を取り入れると、楽しみながら片づけができます。
- **フィードバックを得る**　できたことを自分で認めてあげます。家族にほめてもらったり、片づいた部分をSNSにアップしてもよいでしょう。

「何もしない」よりリスクを恐れず片づけたほうがいい

片づけが苦手な人は、モノの処分の際に「あとで必要になったらどうしよう」などとリスクをとることを必要以上に恐れる傾向があります。**片づけは未来の自分のために決断するもの。**リスクは当然です。しかも、たいていのモノは捨てても困りません。

仮に捨てた10個のうち、1つについてあとで必要な場面が出てきたとしても、10個捨てた効果のほうが大きいはず。**先回りしてあれこれ悩まず、行動する効果を選択しましょう。**

POINT

条件反射を活用すれば意志が弱くても片づけられる

条件反射の片づけ術

自己暗示をかける

行動を声に出す

行動した後としなかった後を想像する

ちょっとだけやってみる

「これだけはすぐやるリスト」を用意しておく

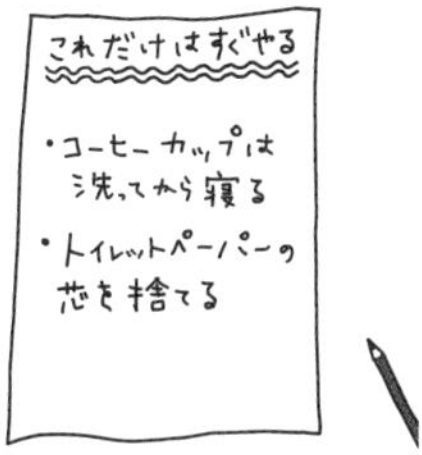

ゲーム感覚を取り入れる

フィードバックを得る

片づけを
成功させる
考え方に変える

12

片づけの深層心理——「自分の本心」と向き合う

モノで心を満たせるのは、
それを手に入れた一瞬だけです

感情と行動の不一致に目を向ける

散らかった部屋を片づけられない人は、「感情と行動が一致していない」ことがあります。たとえば「ダイエットしたい」と言いながら、お菓子の買い食いが止められないという場合。この場合も、**問題は意志の弱さではなく、ストレスなど他の要因のこともある**のです。

片づけが苦手な人は、部屋がすでにモノであふれているのに、さらにモノを買ったりします。通販で購入した健康器具や開運グッズが複数あることも珍しくありません。しかもホコリをかぶったまま……。本当は効果がある商品でも、使わないなら何も得られません。

ある主婦の方は、「金運が上がる」とされている長財布を20個ほど持っていました。理由は「貯金したいから」とのこと。しかし、よくよく聞いてみるとパートの仕事を始めたいのに面接を受ける決断ができず、悩んでいたことがわかりました。その代わりが「金運が上がる財布」だったのです。

しかし「働きたい」という気持ちは、金運財布で満たすことはできません。**満たされない気持ちをモノで埋めようとしても、実際には埋まらないので、次々に新しいモノに手を出してしまうことになります。**

理想の自分を見つめ直し、そのために行動する

自分の本当の気持ちに向き合わない限り、行動と感情が一致することはありま

せん。あなたがモノを買う理由は、本当にそれが欲しいからでしょうか。**本当に欲しいモノの代わりに、手頃なモノで代替してはいないでしょうか。**

ジョギングを始めようとウェアを買いそろえたかと思えば、ギターを買ってみたり、そば打ちの道具をそろえてみたり。新製品を次々と買いあつめるようなことをしてはいないでしょうか。

こうした行動は、自分の理想を実現する代わりになっている可能性があります。**あなたが本当に満たしたいのは理想の自分の姿**のはず。1年後の自分を思い浮かべて、満たされない正体に気づきましょう。正体を突き止めたら、満たす行動をするだけです。

POINT

満たされない正体を突きとめることで感情と行動が一致してくる

モノで気持ちは満たせない

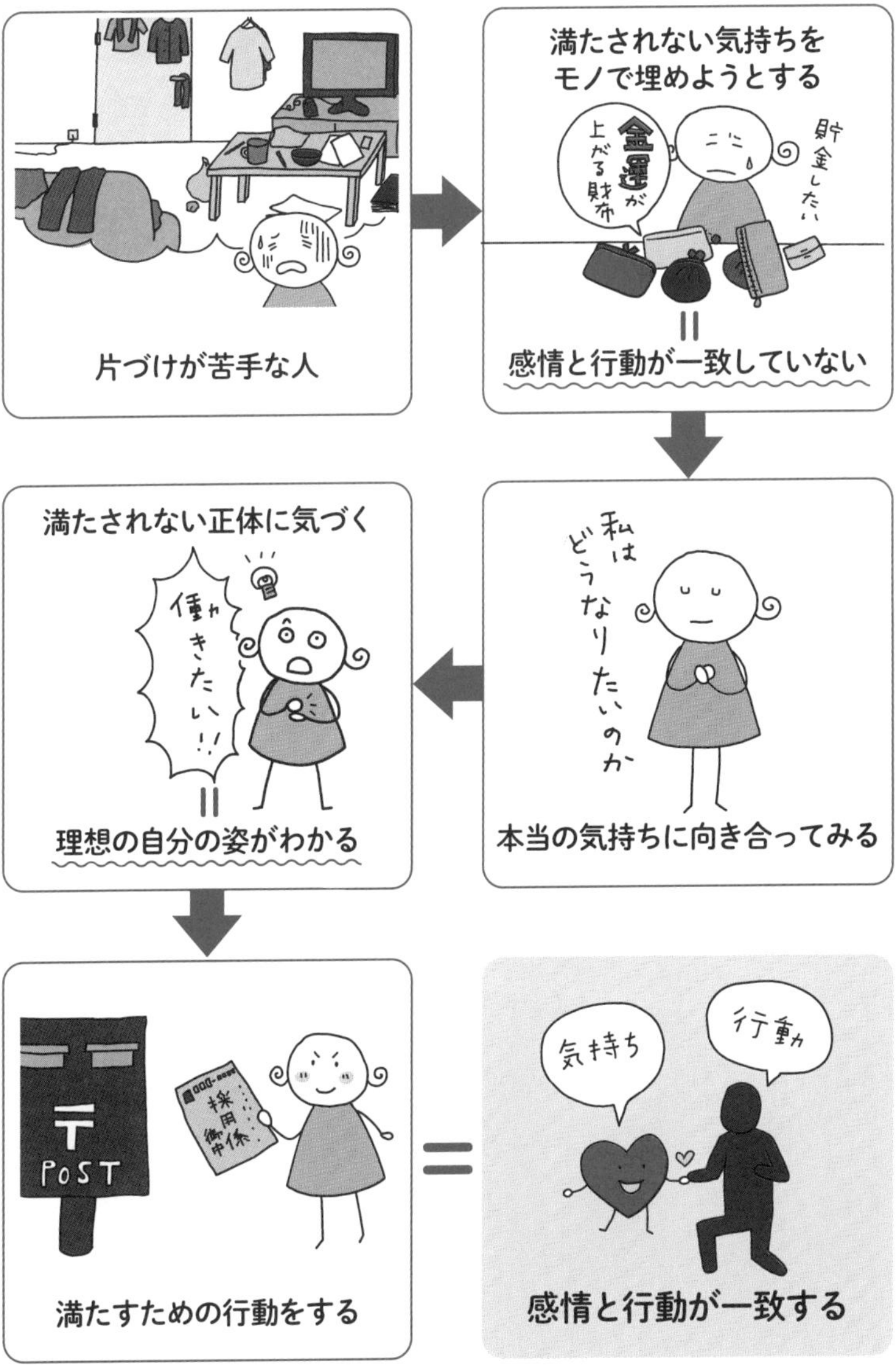
片づけが苦手な人
満たされない気持ちをモノで埋めようとする
金運が上がる財布
貯金したい
=
感情と行動が一致していない
私はどうなりたいのか
本当の気持ちに向き合ってみる
満たされない正体に気づく
働きたい!!
=
理想の自分の姿がわかる
POST
採用係 御中
満たすための行動をする
=
気持ち
行動
感情と行動が一致する

片づけを
成功させる
考え方に変える

13

自分を責めない。他人をうらやまない

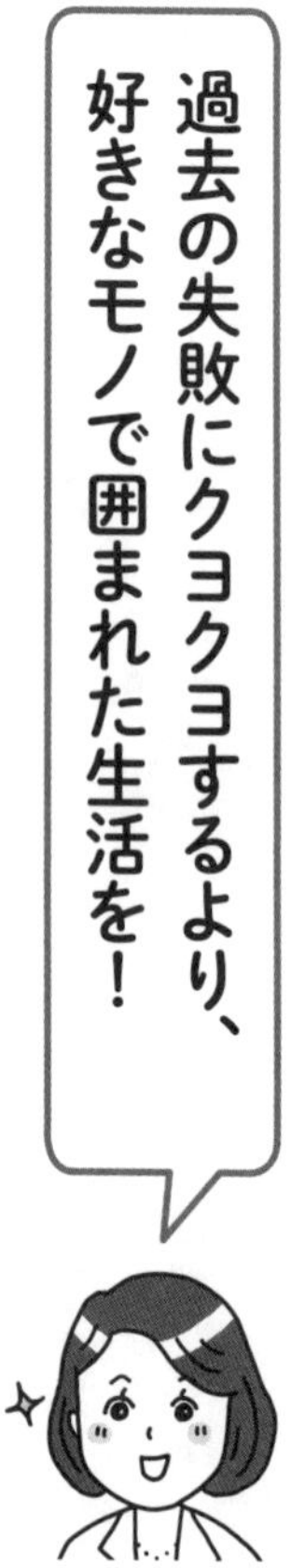
過去の失敗にクヨクヨするより、
好きなモノで囲まれた生活を！

失敗はただの結果。自分を責める必要はない

片づけに関して、さまざまな誤解があります。そのひとつが「片づけが苦手な自分をダメな人間だと思う」ことです。

片づけとは将来に向かって余裕をつくること。同時に、自分の変化を認めて、過去に選んだモノを捨てることです。

好みが変わって使わなくなったモノまで、すべて持ち続けるのは管理が大変なだけでなく、人生に余裕がなくなります。

モノを捨てるのは、過去の失敗を捨てることでもあります。

衝動買いしたモノ、使い勝手の悪い品、結局使わなかったマイブームグッズなどは、過去の失敗を思い出させて、気持ちが落ち込むことがあるかもしれません。ですが、失敗はひとつの結果でしかありません。**失敗を思い出して、自分はダメだと思う必要はない**のです。

冷静に、他人目線で自分を振り返れば落ち込む必要はないことに気づけるはず。ただ、今はもういらないから捨てる――それだけでいいのです。

きちんとした部屋より、余裕のある部屋を目指す

「きちんとモノが収納・整理された部屋が理想」というのも誤解です。**理想があるなら、収納に50〜70%ほどの空きがある状態**でしょう。たとえばクローゼットの引き出しに余裕があれば、服を畳んで入れる必要はなくなるわけです。

片づけたことでできる空間には、新しいモノ、新しい趣味や新しいチャレンジを入れることができます。掃除もしやすく、やりたいことにあふれた部屋になっていくのです。

自分の持ちものを、他人が持っているモノと比べるのも間違いです。スキル、環境、家族なども同様。他人と比べて、自分が劣っているように感じることは誰にでもあることですが、それで他人をうらやんでもなんにもなりません。

他人と比べるのではなく、大切なのは自分の価値観を基準にすること。スキルを磨く、家族関係を磨く、床を磨く……。自分と向き合って、大切なものを磨き上げていくことが、幸せにつながるのです。

POINT

過去のモノを捨て、余裕をつくり
自分が大切なものを磨けば幸せになれる

片づけに潜む、3つの誤解

× 片づけが苦手な自分を「ダメな人間」と思う

○ 今あるモノは単なる過去の結果。処分の際に自分を責める必要はない

× 「きっちりモノが収納・整理された部屋」が理想的と思う

○ 収納に 50～70％ほどの空きをつくっておくと、手間をかけずに収納できる

× 他人が持っているモノと比べ、「自分が劣っている」ように感じる

○ 見るべきは自分が持っているモノ。自分が好きなモノに囲まれていると、他人に嫉妬しない

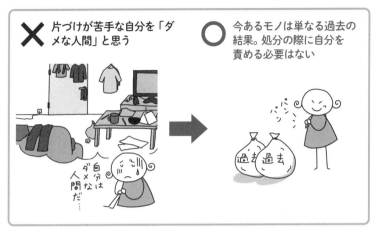

片づけを成功させる考え方に変える

14

D言葉をやめ、ポジティブ言葉を口グセに

ポジティブ・チョイスをして
シンプルな生活を送りましょう

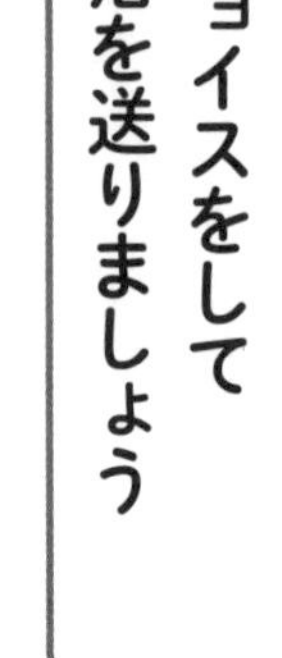

「どうせ」「でも」「だって」をまず捨てる

片づけがうまくいかない理由のひとつに口グセがあります。それは、「どうせ」「でも」「だって」といった言い訳です。よく言われる「D言葉」です。この言葉を使うだけで、生活全般がネガティブモードになる、悪のフレーズです。片づけができない言い訳をして、先延ばしにする元凶です。

シンプルな生活は、モノの持ち方もシンプルですが、それ以上に、考え方がシンプルです。片づけてスッキリ、シンプルな生活をしたいと思ったら、考え方をシンプルにしていくことです。そのためには、何かを否定したり、言い訳はNG。まずは、「どうせ」「でも」「だって」というD言葉を、捨てることがポイントとなります。

まずは簡単なチョイスを練習する

ネガティブな言葉や考え方のスパイラルから抜け出すための「ポジティブ・チョイス」という方法があります。

うつ病など、なんとなく心が不調な人にも使われている方法のひとつです。**物事のいい面をみる、「いいこと探し」の習慣**です。「すいません」とつい謝ってしまう人は、「ありがとう」と言ってみたり、鏡をみて、「今日も元気」「私は美人」と言ってみるのも効果があります。

片づける前に「さあ○時までの5分間片づけるぞ!」と声に出して言ってみる

と、頭の中で思っていることを聴覚でとらえるので、アグレッシブな行動につながります。古典的な方法ですが、モノを持ち上げる時、「どっこいしょ」と言うと力が入るのと同じです。ひとりで片づけているときも、「わあきれい」など、独り言を言って効果を楽しむのもおすすめです。

小さな日常を繰り返していくことで、やがて片づける力も生まれてきます。いい言葉、ポジティブな言葉を、自分が主語となる、自分が感じたこと、したことで使っていくと、自然に「～させられた」というような受け身形は減っていきます。**ポジティブな言葉を使うことで、ネガティブな考え方のクセが変化していきます。**ぜひ試してみてください。

POINT

言い方次第で、感じ方、考え方も変わる

「だって」じゃなくて「ラッキー」

▶収納スペースが少ない住まいの場合

×

開かずのトビラ
収納スペースの前にモノがあふれる
だって
収納スペースが
少ないんだもん

○

何があるか
すぐわかるし
買いすぎを防げて
ラッキー

片づけを
成功させる
考え方に変える

15

片づけの話をたくさんする

自己開示することで、情報や人と出会うことができます

自分をオープンにする

ある税理士さんに聞いたお話です。「お金持ちになりたかったら、たくさんお金の話をするのが一番。お金持ちになる素質は、相続対策や投資の知識ではない」。なぜなら、お金の話をすると、お金の情報が集まってきて、何が自分に必要かがわかるようになるからだそうです。お金の話をすることの恥ずかしさなどの先

入観をとりはらい、純粋に話すのがコツのようです。

片づけも同じです。**片づけがうまくなりたかったら、片づけの話をたくさんするのが一番の近道です。**片づかないのを恥ずかしいと思う気持ちや罪悪感は捨てましょう。解決したいという気持ちを正直に、小さなことから話すといいでしょう。たとえば、「衣替えに困っている」「携帯をすぐにどこかに置いてしまう」など、ちょっとしたことを口に出すのが大事です。

自分のことをオープンにすることを、自己開示と言います。**オープンにすればするほど、周りであなたのことを知っている人が増え、情報が集まってくる仕組み**です。話しているうちに、自分の頭の中も整理され、自分の何が問題なのかを見つめ直すきっかけにもなります。たとえ解決できなくても、あなた自身の片づけの問題点が、話しているうちに整理されてきます。悩みを誰かに打ち明けたとき、およそ問題の8割がすでに解決しているという人もいるぐらいです。

将来の夢や目標も言えるようになれば、助けてくれる人に巡り合えたりすることにもつながります。

他人の力をもっと借りよう

話す相手は、すぐそばにいて、あなたの話を否定せずに、きちんと聞いてくれそうな友人や家族がいいでしょう。そして徐々に、**あなたがこうなりたいという理想の人をみつけて、その人と話せるよう努力をしていくといいでしょう**。「学ぶというのはまねること」というのはよく言われることで、片づけが得意な人のそばにいて、話を聞いたり行動をみたりするだけでも大きな刺激になります。

人生は出会った人でできているという話もあります。片づけの話をたくさんして、いい仲間と巡り合うことは、いい人生をつくることにつながります。

POINT

自分が心を開けば、相手も手の内を明かしてくれる

悩みを打ち明けたぶん、情報もやってくる

いろいろなところで、
いろいろな人に片づけの話をすると
情報が集まってくる

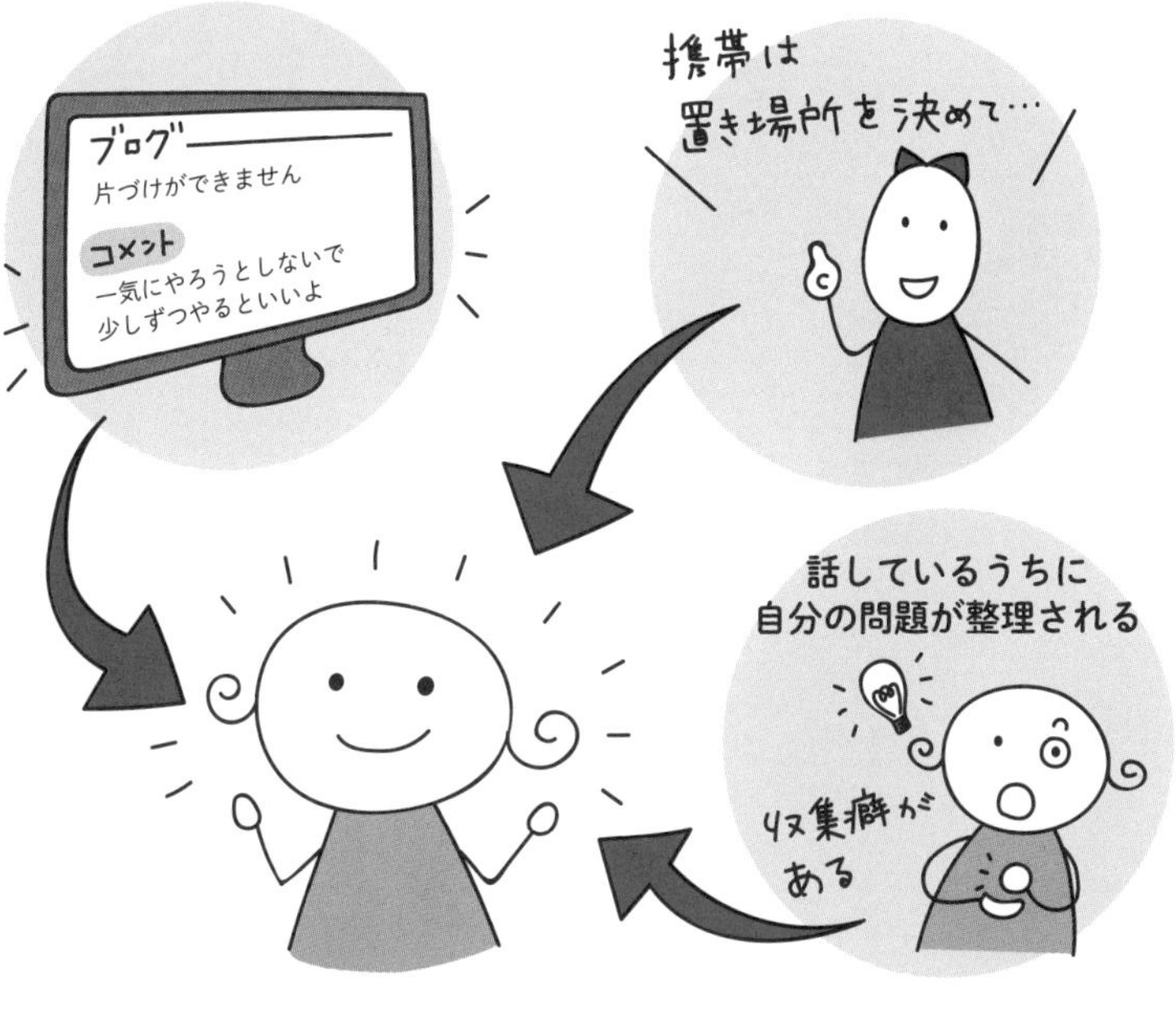

片づけを
成功させる
考え方に変える
16

サンクコストにとらわれないで

無料やバーゲンに惑わされない

人は経済活動の中で生きているので、つい無料と言われると心が動いてしまいます。

仮に広告が着地点のインターネットの無料記事ばかり読んでいると、知らずにモノを買ってしまうことがあります。一度買おうかどうしようか迷って検索したモノの広告が、ＡＩの仕組みで何度も目の前にあらわれて、つい「ポチッ」となる可能性が高くなるのです。罠がいっぱいしかけられた無料記事の浅い内容に時間をかけるより、広告がない、編集者の目がきちんと通った本を購入したほうが、将来的に深くて役に立つ情報を得ることができるのです。

服だったら、バーゲンでなく、季節のはじめにお気に入りを買って、着倒しましょう。長く着ることができるので、結局はお得になります。時期的にお店も空いているのでゆっくり選ぶことができます。

愛着でなく執着～サンクコスト（埋没費用）にとらわれない～

読み終わっていないけれどもう読まない本や、流行遅れのブランドバッグなどが手放せない理由は、サンクコスト（埋没費用）にとらわれているからです。**サンクコストとは、すでに支払ってしまって回収ができない費用**のことです。

たとえば価値があると思って買った本が、読み始めてみたら全くおもしろくなく、読まずに積ん読状態で捨てられなかったり、高かったブランドバッグに支払った費用を無駄だと認めたくないので、何年も持ち続けてしまうことです。仮におもしろくない本を無理して読んだり、持ってでかける気分になれないバッグをクローゼットに収納し続けても、一度支払った費用は回収できません。さらにおもしろくない本を無理して読んだら、その時間も無駄になってしまいます。

サンクコストにとらわれず、自分の価値観でモノを選び、片づけることで、お金の尺度から脱却し、人生において本当に大切な財産を築けるようになります。

片づけはモノを収納することではなく、自分の価値観をクリアにさせ、モノに「命を吹き込む」ことです。人生をよりよくするモノや、尊敬できる人を正しく選択することで、あなたの人生は深く豊かになるでしょう。

POINT

「もったいない」という感情を浄化しよう

「もったいない」気持ちが損をひろげる

読む気はないけど、
もったいなくて
積ん読状態
おもしろくないのに、
もったいないから
無理して読む

裏を返せば
「場所」も「時間」も
もったいない！

さっさと
廃品回収、買い取り依頼、
寄付、譲渡などをする

サンクコストにとらわれず、
自分の価値観で片づけよう

→すでに支払ってしまって何をしても回収できない費用のこと

片づけを
成功させる
考え方に変える

17

散らかり放題の悲惨な部屋なら、思い切ったリセットをしよう

60点を何度か取るくらいのラクな気持ちで片づけましょう

余力を残して終わろう

多少、散らかっている部屋なら、日々の7分片づけ（98ページ参照）できれいにすることができます。しかし、**現状ゴミが散乱していたり、モノであふれているなら、とにかく1度はモノを片づけて、部屋をリセットしたほうがよいでしょう。**

2キロのダイエットなら日々のちょっとした心がけで可能かもしれませんが、

医者に健康状態を指摘されるほどの肥満に悩んでいるなら10キロ減量を目指す必要があるのと同じです。

ただし、思い切ったリセットも「もうちょっとやりたい」というところで止めるのがコツ。**休日でも3時間集中してやるのが限度でしょう。**張り切りすぎると、リバウンドしやすくなるからです。

リセット片づけの具体的な方法

ファミリーの場合、家のエリアを分割して1週間に1度、3時間で1箇所を片づけます。

エリアに分割する際は間取りや散らかり具合にもよりますが、**「3時間やると60点取れる程度には片づく」を基準に1エリアとします。**

仮に4分割すると4週で家全体が終わります。このサイクルを2回8週間、足**りなければ3回12週間行うと、モノが格段に減り、リセットが完了するはずです。**

家族の協力を得られる場合、また片づけをプロに依頼する場合にも、週に1度、

3時間でお願いすると無理がなく、片づけの力もつくでしょう。

一人暮らしで部屋がそう広くない場合にも、エリアを分け徐々に行ったほうがリバウンドを防げます。エリア分割は、1ルームや1DKの場合およそ2~3エリアが目安です。3時間で60点取れるくらい片づけられる範囲を1エリア、または**散らかり具合や部屋の広さによっては1時間で1エリアとしてもOKです。**2~3週で部屋全体を片づけ、これを2~3回繰り返すとリセットできます。

特に若い人の場合、仕事に遊びにと忙しいことが多いため、「水回りは洗剤をふきかけてしばらく放置したあとで流す」程度のラクな片づけ・掃除でもいいと割り切ることも大切です。

POINT

思い切ったリセットをするなら エリアを分割して、数週間かけて片づける

リセット片づけの方法

ファミリーの例

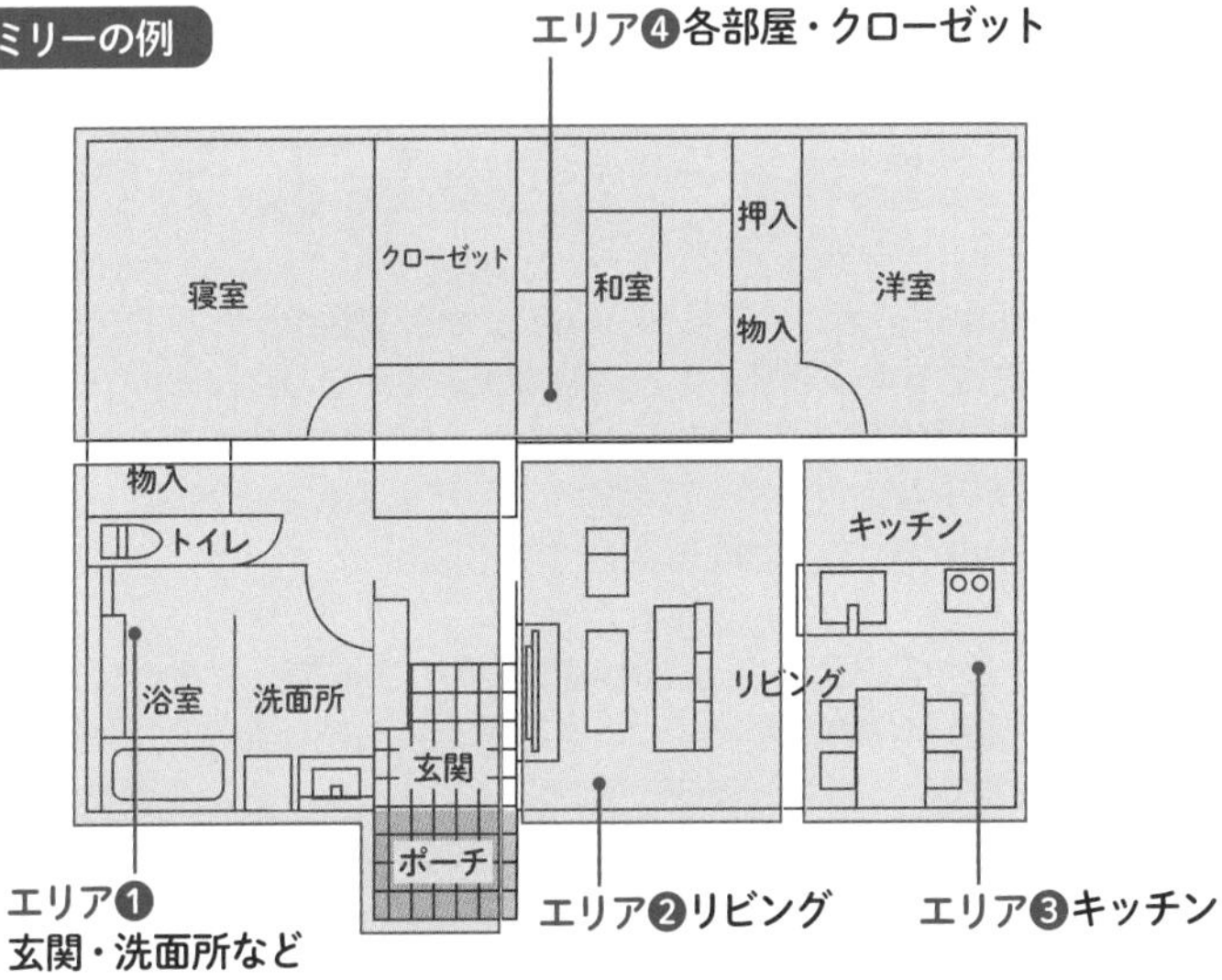
エリア❹各部屋・クローゼット
寝室
クローゼット
和室
押入
物入
洋室
物入
トイレ
浴室
洗面所
玄関
ポーチ
リビング
キッチン
エリア❶
玄関・洗面所など
エリア❷リビング
エリア❸キッチン

一人暮らしの例

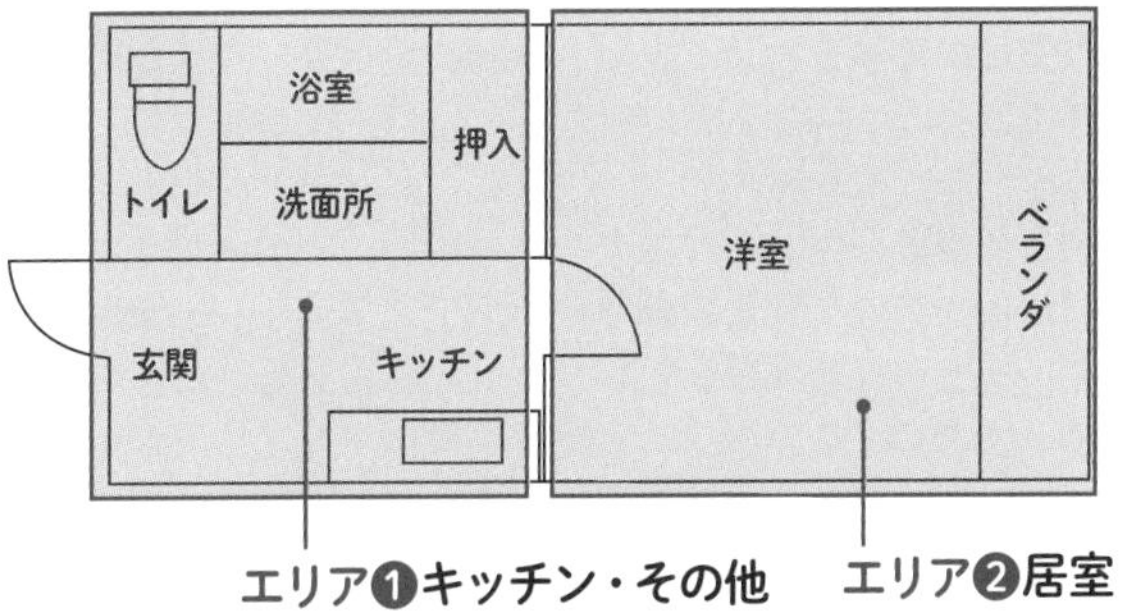
浴室
押入
トイレ
洗面所
洋室
ベランダ
玄関
キッチン
エリア❶キッチン・その他
エリア❷居室

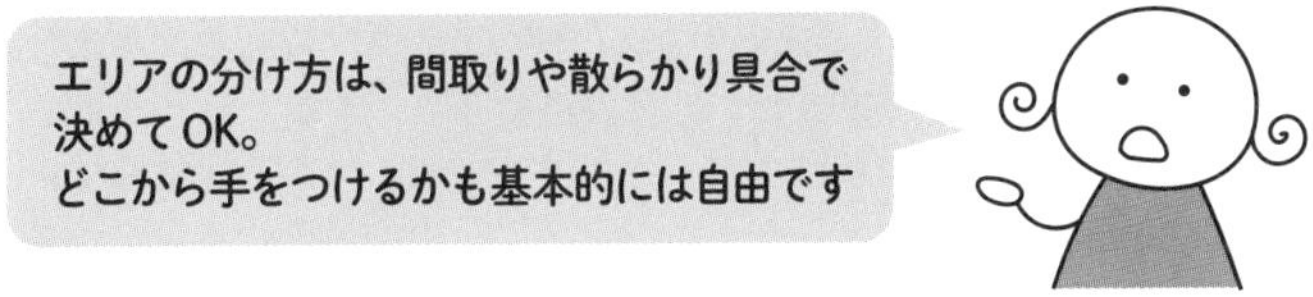
エリアの分け方は、間取りや散らかり具合で決めてOK。
どこから手をつけるかも基本的には自由です

COLUMN

自分をポジティブにコントロールしよう

「自分は胃が小さい」などと思い込んで食事量を減らす自己暗示ダイエットがあるそうです。本当に効果があるかどうかはわかりませんが、「自己成就的予言」があるのは事実。自己成就的予言とは、人がある期待や予期に沿って、意識的もしくは無意識的に行動した結果、その期待や予期が現実になること（マートン）です。

50ページで紹介した子どもの頃に「女の子なのにお片づけができない」と怒られて育ったために、劣等感を持ち続けたり、片づけができないままでいる人は、自己成就的予言がネガティブに表面化した例と考えられるかもしれません。

他にも、不景気だとみんなが思うと本当に不景気になる現象など、多くの分野で自己成就的予言は見られます。

もちろん、自己成就的予言はポジティブな方向に向けることもできます。たとえば教育現場で有名な実験もそのひとつです。これは、教師が「将来伸びる生徒の名前」をランダムに伝えたところ、教師も無意識的にその生徒に期待をかけ、生徒も教師の期待通りに勉強をし、実際に成績が上がったというもの（ピグマリオン効果、ローゼンタール）。

小学生のあるグループには「ゴミを片づけることの大切さ」を、別のグループには「このクラスは整理整頓ができている」を伝えた実験もあります。結果、前者のゴミを片づける大切さを聞いたグループは改善されず、後者の「このクラスは整理整頓ができている」と言われたグループは、他のグループに比べて3倍もゴミの散らかしが改善されたそうです（リチャード・ミラーらによる）。

つまり、本当は片づけが苦手でも、「自分は片づけられるようになりつつある」「片づけが好きだ」と思い込むこと。また、自己成就的予言をするために「片づけたい」「片づけている」などと宣言していくこと。自己暗示も利用次第で、ポジティブな方向に向けることができるのです。

第3章

スッキリをキープさせる秘訣

21

片づけを習慣化しやすいしくみをつくる

ついついやってしまう
行動のクセはありませんか？
そのクセをポジティブに転換し、環境を
その行動に合わせると、習慣化しやすくなります。

22

持ちものの数を決めて、それ以上は処分する

モノは少ないほど片づけもしやすくなります。
「他のモノで代用できないか」
という視点でもモノが減らせないか、
考えてみましょう。

23

「わくわく大作戦」で整理しすぎない、分けすぎない

空き箱やプラスチックのケースに、
種類ごとにモノを放り込むだけで
不思議と整頓されているように見えます。
枠に入っていると中身が乱雑でも散らかって見えないのです。

24

リバウンド防止に、定期的な外圧を

他人が家に来るという約束は
外圧となります。
半年に1度、誰かを家に招く予定を
入れましょう。

第3章

スッキリをキープさせる秘訣 TIPS 7

せっかく片づけた部屋は
キレイなまま保ちたいもの。
無理なく習慣化できれば実現可能です。

18

片づけを「毎日やること」「定期的にやること」に分ける

片づけは毎日7分程度行うことで
きれいな状態を保つことができます。
毎日行いたい片づけは、
セット動作で習慣化します。

19

無理のないルーティンをつくる

新しい習慣を身につけるには3週間かかると
言われています。3日を1セットとして、
7回繰り返せば、三日坊主でも
習慣が身につく3週間を迎えることができます。

20

1年間の効率よい家事計画を立てる

片づけ・掃除をはじめとする家事は、
頻度が少ないものほど「やるのに都合が
よいタイミング」があります。そこで、片づけ・
掃除においても、年という単位の長期計画を立てましょう。

スッキリをキープさせる秘訣

18

片づけを「毎日やること」「定期的にやること」に分ける

毎日やることは、普段の行動の流れで行うと負担になりません

プラス7分で0・1%の改善を

片づけは、毎日最低7分程度が習慣になると、きれいな状態を保つことができます。毎日ちょっとずつが大切なのはダイエットと同じです。

具体的には、101ページの表の中から、毎日7分程度のタスクを選んで実行します。たとえば「家のゴミを集める」は、ゴミの収集日前日に行うなど、工夫

して選ぶと効率的です。慣れてきたら朝7分・夜7分にする、休日など時間に余裕がある日は15～30分程度にするとベターです。

ただし大切なのは続けること。**張り切りすぎても続きませんから、最初は長くても7分×2回。**毎日、0・1％ずつでよいので、現状を改善するという気持ちが大切です。1年間続けると改善は1・44倍に、10年続くと38・4倍にもなります。

仮に体調が悪い、忙しいなどの理由で**できない日があっても、罪悪感を持たずにまた翌日から始めましょう。**ちょっとずつでも改善していくという意識が大切です。

予算に余裕があれば、3ヶ月に1度、半年に1度、年末に換気扇掃除だけなど、**プロに片づけ・掃除を依頼するのも方法の一つです。**時短とスッキリ感を同時に得ることができます。

最近話題のお掃除ロボットは、初期費用がかかるものの、掃除機をかける時間を短縮する投資ととらえるとそれに見合うリターンがあるものです。床を片づけておかなければいけないので、リバウンドの予防にもなります。

「ついで行動」を習慣化する

いったんモノを処分しても、片づけや掃除はその後も継続して行うことが大切です。**毎日行いたい片づけ・掃除は、セット動作にすると意識しなくてもできるようになります。**家事と意識せず、普段の行動の流れで自然に行うことで習慣化し、負担感を減らします。具体的には、

・歯磨きのとき、洗面台を拭く
・靴を脱ぐとき、玄関をさっと掃除する

などです。**コツは〝ついで〟〝〜しながら〟です。**

POINT

張り切りすぎずに、毎日0・1%の改善を続ける

1日7分程度のタスクを選ぼう

7分以内にできそうなことを自分なりに2～3個チョイス！
慣れてきたら、こなせるコト（数）を増やそう

週に1～2回	玄関～廊下～リビング～各部屋の掃除機	5分
	玄関～廊下～リビング　拭き掃除	10分
	キッチンの蛇口を磨く	1分
	お風呂のタイルなどのカビ取り	3分
	レンジ台まわりの壁を拭く	3分
	鏡を磨く	1分
	換気扇の外側を拭く	2分
	シンク下の扉を拭く	5分
	冷蔵庫の中身のチェック	3分
	冷蔵庫の掃除	5分
	家のゴミを集める	1分
	洗面台の掃除	3分
月に1回～3ヶ月に1回	ストック食品の整理	3分
	窓ガラスを拭く	10分
	網戸の掃除	10分
	玄関ドア・表札の拭き掃除	1分
	天井や照明器具の掃除	3分
	トイレの壁・棚の拭き掃除	3分
半年に1回	シンク下・吊戸棚の整理	20分
	下駄箱の掃除	5分
	食器棚の整理	10分
	カーテンの洗濯	10分（洗濯機を使う時間を除く）
	粗大ゴミ出し	3分

※部屋・家の広さ等によります

スッキリをキープさせる秘訣

19

無理のないルーティンをつくる

あらかじめある程度の片づけ・掃除計画をつくっておきましょう

3日を7セットで習慣化できる

片づけ・掃除は毎日7分といっても、最初はそう簡単ではないかもしれません。

一般的に、新しい習慣を身につけるには3週間、つまり21日かかると言われています。

ただし、21日といっても最初は先が見えない遠いゴールに感じるはずです。3

日を1セットとして繰り返したほうが気楽です。3日続いたら、自分で自分に「いいね！」をしましょう。それを7セット続ければ21日。習慣が身につく3週間を迎えることができます。

1ヶ月の予定を大まかに決める

ある程度予定を決めておくと、取り組みやすくなります。慣れると101ページのメニューからその日に必要な片づけが適切に選べるようになりますが、最初は「何から取り組めばよいのか」と迷ってしまうものです。

1ヶ月ほどの片づけ予定を決めておくと、毎日悩む時間がカットできるので効率的です。その際のポイントは4つあります。

①1ヶ月を4週間と考える　1ヶ月を4週間28日ととらえると、2月以外は2～3日余りの日ができます。この日は「ゆとり分」「余白」として、片づけの予備日にあてましょう。その月に物足りなかった部分の片づけ・掃除にあてることができます。予定を詰め込みすぎて、こなせないほうがダメージが大きくなるからです。

②祝日も余裕の日　土日は、平日より片づけにかけられる時間があるため、いつもより多めの予定を入れてもOK。しかし祝日はあえてゆとり分として空けておきましょう。祝日も片づけができなかった日の分、または物足りなかった日の分を補うための余白です。

③ゴミの日から逆算する　スケジュールには、まず自治体や地域ごとに決まっているゴミの回収日を書き込みます。たとえば新聞や雑誌の整理は資源ゴミの前日に行うなど、効率がよいことがあるからです。

④すべての日を埋めない　予定は最低限だけを決めて、それ以外は空白でかまいません。その日の気分や体調に合わせてできることを行います。

POINT

1ヶ月の予定をあらかじめ決めておくと毎日選ぶよりもラクにできる

1ヶ月のスケジュールを立てる

月	火	水	木	金	土	日
1 ゴミ集め ←	2 可燃ゴミ 7分片づけ	3 →	4 リビング引き出し1つ3の法則で仕分け ←	5 可燃ゴミ 7分片づけ	6 運動会 →	7 季節もののレジャー用品を整理 15分片づけ
8 祝日 (余裕の日) ←	9 可燃ゴミ 7分片づけ	10 化粧品のスプレーを仕分け →	11 不燃ゴミ ←	12 可燃ゴミ 7分片づけ	13 レンジ台まわりの壁を拭く →	14 (余裕の日)
15 ゴミ集め ←	16 雑誌と新聞の整理 可燃ゴミ 7分片づけ	17 資源ゴミ回収 →	18 古いスーツケースを粗大ゴミに出す ←	19 可燃ゴミ 7分片づけ	20 (余裕の日) →	21 15分片づけ
22 ゴミ集め ←	23 可燃ゴミ 7分片づけ	24 食器の仕分け →	25 不燃ゴミ 食器を捨てる ←	26 可燃ゴミ 7分片づけ	27 レンジ台まわりの壁を拭く →	28 (余裕の日)
29 ゴミ集め ←	30 可燃ゴミ 7分片づけ	31 →				

スッキリをキープさせる秘訣

20

1年間の効率よい家事計画を立てる

家族の年間予定に合わせて頻度が少ない家事をピックアップ

「旬」に合わせて家事をする

大まかでいいので、1年という長期計画を立てることもおすすめします。というのも、片づけ・掃除をはじめとする家事は、**頻度が少ないものほど「やるのに都合がよいタイミング」があるからです。**

たとえばエアコンの掃除は、エアコンを本格的に使い出す夏場前に行うほうが都合がいいのはすぐにイメージできるでしょう。他にも、確定申告前に領収書を整理する、子どもの学校関係のプリントなどは3学期末に整理するなど、家事には「旬」の時期があるわけです。

また、**頻度が低いものは、忘れがち**だからという理由もあります。たとえば下駄箱の掃除は半年に1回程度、靴を出して棚のホコリを払ったり、汚れを落としたりしたいものです。

また、冷蔵庫の片づけは基本的に週に1度程度が目安ですが、2ヶ月に1度程度は食品をすべて出して、拭き上げ掃除を行いたいもの。冷凍庫に入れっぱなしになった食材、賞味期限が切れた調味料などをチェックします。このような家事は、普段のルーティンに組み入れない分、ついつい忘れてしまいがちです。そのため、ある程度**「この時期にやる」と計画しておくことで、モレを防ぐ**わけです。

毎月1回のリバウンドチェック

年間計画は大まかでかまいません。**1ヶ月を上旬・中旬・下旬に分けて、その**

時期にやることをリストアップします。年間計画は家族構成やライフスタイルによっても変わってくるため、年間行事や旅行、進学・進級などの予定を先に書き入れ、それに合わせてタスクを書き込んでいくとよいでしょう。

また、**毎月1回はリバウンドチェックの日を入れる**こと。「毎月最終金曜日」などと決めておくとよいでしょう。家全体のうち、片づけが行き届かなかったところはないか、いつの間にか荷物が積み上げられている場所はないかなどを確認して、対応策を考え、実行します。

さらに、計画は四半期（3ヶ月）に1度は見直して調整すると、精度の高い計画になるのでおすすめです。

POINT

年間計画は大まかにつくり、3ヶ月に1度、見直しと調整をする

年間計画を立てる

	1月	2月	3月	4月	5月	6月
主な予定	お正月		年度末 確定申告	新年度		
上旬	住所録の更新（年賀状から） いただきモノの整理	洗濯機、家電の掃除	窓掃除 防災グッズの見直し	冬物クリーニング 入学・新学期準備	カーテン洗濯 押し入れ片づけ 夏物チェック レジャー用品片づけ	カビ対策（お風呂）
中旬	お正月用品をしまう	冷蔵庫の掃除	子ども部屋の本棚の整理	冷蔵庫の掃除	エアコン掃除	冷蔵庫の掃除
下旬	領収書の整理 リバウンドチェック	本の整理 リバウンドチェック	子どものプリント処分 書類の処分 リバウンドチェック	リバウンドチェック	リバウンドチェック	リバウンドチェック

	7月	8月	9月	10月	11月	12月
主な予定		夏休み 帰省	防災の日			
上旬	粗大ゴミ予約 レジャー用品の見直し お盆の準備	窓掃除	防災グッズの見直し	エアコン掃除 冬布団類準備	カーテン洗濯 粗大ゴミ予約（年末に向けて）	
中旬	お墓の掃除	実家の片づけ手伝い	押し入れ片づけ 冬物チェック	ベランダ掃除 暖房器具類出す	窓掃除	最終粗大ゴミ
下旬	リバウンドチェック	リバウンドチェック	リバウンドチェック	リバウンドチェック	玄関まわり 換気扇の掃除 リバウンドチェック	クリスマス用品片づけ お正月準備 タオル・下着類の新調 リバウンドチェック

スッキリをキープさせる秘訣

21

片づけを習慣化しやすいしくみをつくる

自分を変えるより、環境を変えるほうが簡単です

好ましくない習慣に合わせる

リバウンドチェックの際、また日常の中で「どうしても、決まった場所に片づけるのがむずかしい」ことに気がつくことがあります。

たとえば、「子どもがランドセルを子ども部屋ではなく、リビングに置きっ放しにしてしまう」などの悩みです。決まって「うるさく言っても、子ども部屋に置いてくれない」とため息をつかれるのですが、子どもにとってリビングに置くほうが都合がいいからそうしています。特に小学生くらいだと、まだ子ども部屋よりもリビングで過ごす時間のほうが長いのが普通でしょう。であれば、**リビングにランドセル置き場をつくってあげればいい**わけです。床に放り出されるとイライラしますが、置き場があれば問題ありません。

デザイナーズマンションで新婚生活を始めた奥さんは、夫が歯磨き粉を左側に置くことに悩んでいました。右側にはオシャレな棚が備え付けてありますが、夫が長年のクセで左側に置いてしまうとのこと。結局、左側に洗面所のデザインに合う歯磨き粉置き場をつくって解決しました。

片づけに限ったことではありませんが、「**習慣化**」には、**自分を変える方法と、環境を変える方法があります**。どちらが簡単かというと、環境を変えるほう。「どうしてもそうしてしまう」ことにはそれなりに理由がありますので、環境を変える方法も考えてみましょう。

大切なのは、自分の行動を観察して、ついやってしまう好ましくない習慣に気

づくこと。そして、その習慣をポジティブに転換する工夫をすることです。もともと習慣づいていることは続きやすいため、環境を習慣に合わせるわけです。

使う場所に「時系列」に置いておく

環境を変える一般的方法は、「タオル類・下着類は脱衣所に置く」「外出時に必要な家の鍵は玄関に置く」などがあります。

洋服を畳んで収納するのがむずかしければ、畳まず入れられる収納をする、よく使うモノは、使った後に手前から「時系列」に置けるように工夫すると、しまいやすく、取り出しやすくなります。

POINT

すでに習慣づいていることを活かして片づけを成功させる

好ましくない習慣をポジティブに転換する

自分の行動を観察

↓

自分の行動のクセに気づく

↓

その習慣をポジティブに転換する工夫をする
＝
環境を変える

リビングにカバンの置き場をつくる

↓

片づけの習慣となる

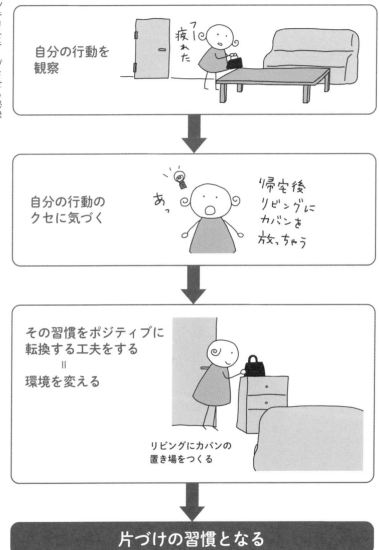

スッキリをキープさせる秘訣

22

持ちものの数を決めて、それ以上は処分する

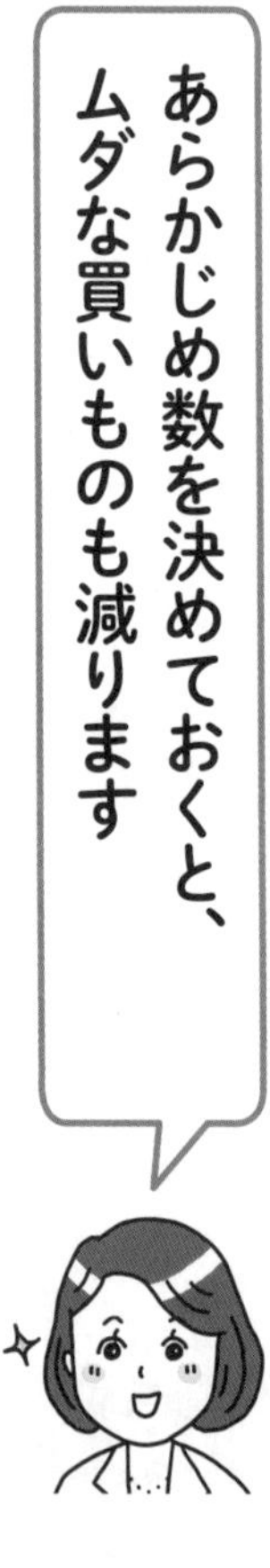
あらかじめ数を決めておくと、ムダな買いものも減ります

収納コストを計算してみる

モノは少ないほど片づけもしやすくなりますし、スペースも広がります。そうは言っても、**モノが減らせない人は、収納コストを考えてみてください。**

たとえば自宅建物の床面積80㎡のうち、見えている床の広さはどれくらいでしょうか。仮に60㎡だとすると、収納だけで約4分の1、20㎡も使っていること

になります。もう一部屋できそうなくらいの広さです。

コスト面では、家賃が12万円だとすると、**毎月モノを置くためだけに3万円も支払っています。**モノを持ちすぎることはいかにムダなことなのかがわかる数字ではないでしょうか。

流用できるモノと汎用性の高いモノ

また、**モノは少ないほうが行動に結びつきやすい**という面もあります。たとえばお箸や食器が家族分しかなければ、洗わないと次に使うことができません。そのため、「食器洗いはすぐに」とアクションに移しやすいわけです。

117ページの表では、モノの数の目安を紹介しています。ライフスタイルなどによっても異なるのでこの通りである必要はありませんが、参考にしてください。モノにもよりますが、ミニマリストの場合は家族の人数分のみ、標準では家族の人数プラス2くらいが目安です。

見ていると、予想以上に少ないと感じるのではないでしょうか。とはいえ、思い切って数を絞っても特に不便は感じないはずです。

処分の判断には、「他のモノで代用できないか」という視点もあります。たとえば鍋が大・中・小とあるなら、中は大で流用できるはず。

お皿も、和風・洋風・中華風のうち、どれを選んで持つか迷ったら、和風を残す方法があります。**和食器は汎用性が高く、洋食や中華にも流用しやすいからです。**和風どんぶりに入れた和風ラーメンは違和感がありませんが、中華どんぶりに入れたうどんはミスマッチなことでも理解できるでしょう。

また、色は白でシンプルなものが汎用性が高いと言えます。

POINT

モノの数を見直すことが、片づけにも節約にもつながる

モノの数の目安

	モノ	標準シングル	ミニマリストシングル	標準4人家族	ミニマリスト4人家族
衣類	下着上	7	3	28	12
	下着下	7	3	28	12
	靴下	7	5	28	20
	コート	2	1	8	4
	ジャケット（上着）	5	3	20	12
	スーツまたはワンピース	7	3	28	12
	カーディガン	2	1	8	4
	スカートまたはパンツ	7	5	28	20
	小物（ベルト・帽子・ストール等）	10	5	40	20
	Tシャツ	5	2	20	8
	バッグ	4	3	16	12
	ストッキング	10	5	20	10
	合計	73	39	272	146
食器	皿　小	2	1	10	4
	皿　中	2	0	10	4
	皿　大	2	0	10	4
	皿　プレート	2	1	5	4
	深皿	4	1	8	4
	箸	2	1	10	4
	ナイフ	2	1	10	4
	フォーク	2	1	10	4
	マグカップ	2	1	10	4
	電気圧力鍋	1	0	1	1
	来客用コーヒーカップ	2	1	7	4
	合計	23	8	91	41
調理器具	フライパン	3	1	3	1
	ナベ小	1	1	2	1
	ナベ大	1	0	2	1
	おたま	1	1	2	1
	ざる	2	1	3	1
	包丁	2	1	3	3
	合計	10	5	15	8

スッキリをキープさせる秘訣

23

「わくわく大作戦」で整理しすぎない、分けすぎない

整頓に神経を使うとリバウンド一直線。ゆるい整頓がベターです

枠を利用してポイポイ入れるだけ

片づけが苦手な人が、整理がとりあえず上手に見える、またリバウンドを防ぐのに効果的なのが「わくわく大作戦」です。

片づけが苦手なのは、きちんと並べて入れるのが面倒だからとも言えます。そこで、空き箱やプラスチックのケースなどに、モノの種類ごとに放り込むだけの

整理術が「わくわく大作戦」。これだけで整頓されているように見えます。

その理由は、「枠に入っているから」。「枠＝わく」というわけです。その中が雑に入れられていても、見た目は枠があることで散らかって見えないわけです。

薬、裁縫用具、爪切り・綿棒などの身だしなみグッズ、リモコン類、ぞうきんなどの掃除用具、洗剤類、受け取った年賀状、机の上の筆記用具など、ボックスで保存すると便利なものは数えきれません。

余裕があれば、ボックスにラベルを貼って何が入っているか明記しておくと、なおよいでしょう。

同じ種類のモノごとに収納するため、探しものがラクになるメリットもあります。急に体調が悪くなってもお薬ケースの中を探すだけ。万が一、地震などで避難しなければいけないときでも、必要なケースを持ち出しやすくなります。

コルクボードで枠をつくる

「わくわく大作戦」は、同じモノを買い足してしまうムダづかいを防ぐこともできます。

同じ色・形のボックスをそろえて並べるとさらに整頓された印象になりますが、はじめは無理しすぎず、手元にあるボックスを利用することをおすすめします。

「枠を意識する」のは、箱だけではありません。

たとえば冷蔵庫の側面に磁石でペタペタ貼られたポイントカードやプリント類、壁一面に画鋲で留められただけの写真も、**コルクボードに貼り替えるだけで、スッキリします。**

これは、コルクボード自体が枠となるためです。多少、コルクボードの中のモノが斜めに貼られていても、不思議とオシャレなデザインに見えます。

POINT

枠で囲むだけで整頓された印象を生み出せる

「わくわく大作戦」を実行しよう

▶散らかっていたリビングのテーブル

「枠＝わく」で
わくわく大作戦です
薬

▶きれいに整頓されたテーブルに

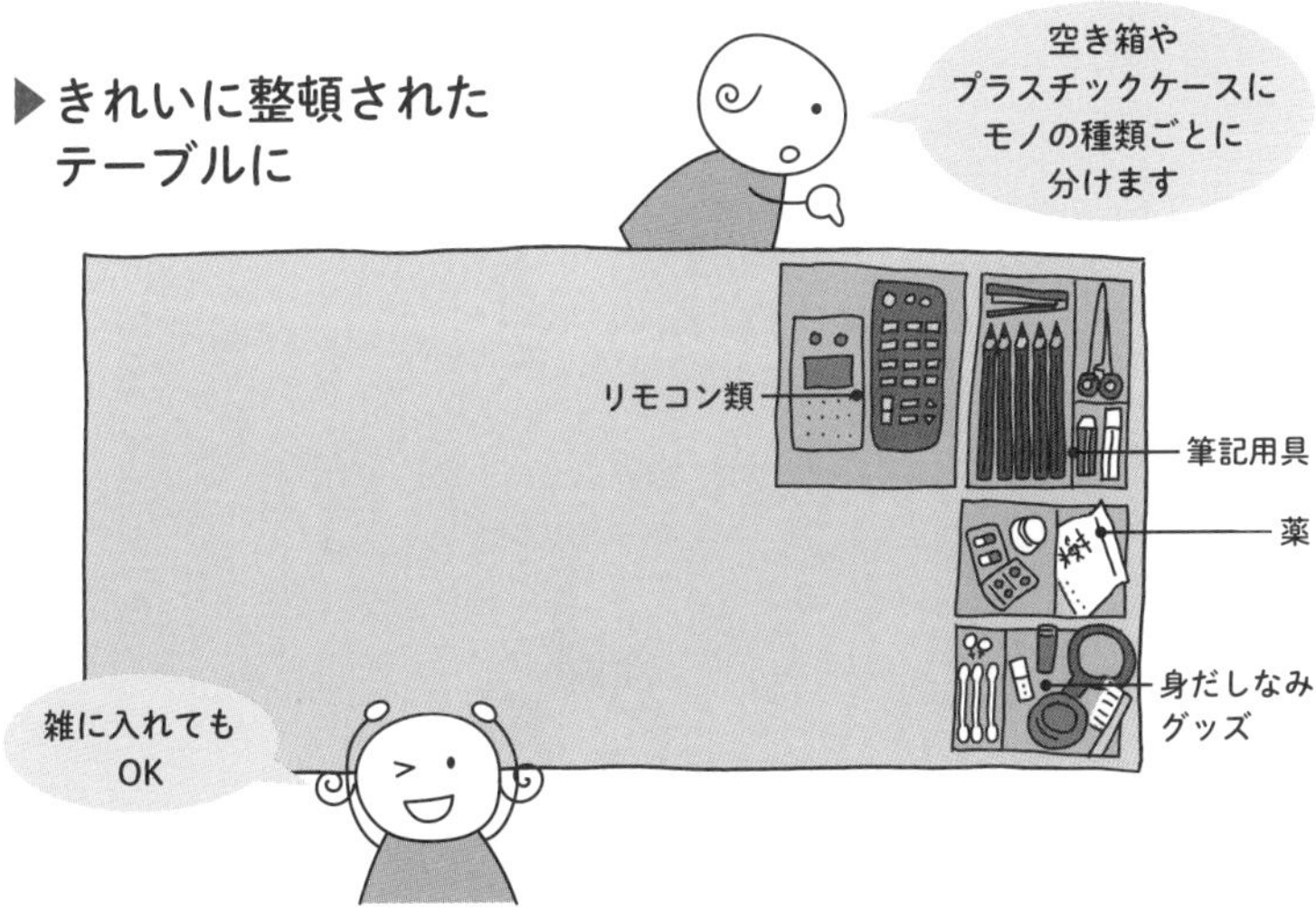
空き箱や
プラスチックケースに
モノの種類ごとに
分けます
リモコン類
筆記用具
薬
身だしなみ
グッズ
雑に入れても
OK

スッキリを
キープさせる
秘訣

24

リバウンド防止に、定期的な外圧を

他人やアウトソーシングの力で、リバウンドを防ぎましょう

外圧をうまく利用する

リバウンドを防ぐのに、一番いいのは引っ越しです。居住年数が多い人ほど、どうしてもモノは増えてしまいますし、行き詰まった場合は気分転換にもなります。ただし引っ越しは、持ち家であれば難しいですし、お金も時間もかかりますから、そうひんぱんにできることではありません。

一番簡単なのは、**片づけや整理収納サービスを頼む**ことでしょう。アドバイザーの人数や時間、モノの状況にもよりますが、1万円ぐらいから依頼できます。私の経験上、こういった片づけサービスを依頼されるほとんどの人が、サービスにおうかがいする前に片づけ始めてくれるという現実があります。「片づけなくていいですよ」とお伝えしておいても、何かしら片づけておいてくれるので、逆に「これをしておいてください」と、事前にできそうな課題をお伝えするようになりました。これは「訪問者効果」または「〆切効果」と言われています。誰かが来るという「約束」を他人とすることで、片づけを怠けられない状況をつくることです。ひっくるめて「外圧」と言っていますが、その効果はとても大きいのです。

定期的に外圧をつくる

忙しい人でも、年末には大掃除をします。ただ、1年に1回しか掃除をしないと、間があきすぎてリバウンドしがちです。

ですので、1年の真ん中の6月あたりに、インターバルとして、**クーラーや換**

気扇の掃除業者を入れるといいでしょう。業者とのアポイントが「外圧」として機能し、クーラーや換気扇のある部屋の片づけをする強制力となります。

また、**ホームパーティを開いたり、親戚を呼ぶ**などの来客の予定を半年に1度入れるのもいいでしょう。ただし、社交的なことが苦手な人にとっては、お客様を招くのはハードルが高いかもしれません。その場合は、気楽に話せる家族でもいいので、定期的に来てもらい、片づけるときにそばにいてもらいましょう。

「共行動効果」というのですが、そばに人がいるだけで作業が進みます。

片づけは本来、孤独な作業ですが、なかなかひとりでは進みません。外圧をうまく利用して、リバウンドを防ぎましょう。

POINT

強制的に片づけなければいけない状況を自らつくることで、リバウンドを防ぐ

定期的に外圧をつくる

引っ越しする

片づけ・整理収納サービスの利用

クーラーや換気扇掃除の業者を頼む

ホームパーティなどお客を招く

COLUMN

男女で違う、モノの持ち方

仕事柄、多くの人の片づけの悩みを聞いたり、モノの持ち方を見る機会がありますが、モノの持ち方にはおおまかな男女の傾向があるようです。

▶モノを捨てられない理由が違う

男性は、モノをコレクション・収集する人が多いようです。捨てないというより、収集し、持ち続けています。典型的な例は、新聞や雑誌などのバックナンバー、フィギュアや趣味のカメラなどです。使うというより、持っていることに意味があるようです。

ベッドの上にTシャツが 700 枚以上、地層のように重なっていて、こたつで寝ている人もいました。「健康にも悪影響ですから、宝物は大事にしまって、生活をおびやかさないように」とお話ししたことを覚えています。

逆に女性は、流行りものやかつて高いお金を出して買ったモノ、まだ使えるモノなどを持ち続けるというより、「捨てられない」ために片づかない人が多いようです。

▶かつての恋についての男女差

元カレ・元カノの思い出のモノについても男女差があります。

男性は、かつての彼女からもらったモノは捨てず、持ち続けているケースが多いようです。すでに新しい彼女がいるのに、別れた後も元カノのモノをロマンチックな思い出にしている人を多く見てきました。勲章を並べるかのように大切にずっと持ち続けるのでしょう。

女性の思考は、パソコンでいえば「上書き保存」。元カレは眼中になく、今のカレが一番と思っています。そのためか、昔の彼との思い出のモノは、引越しや新生活の際に躊躇なく捨てる人が多いようです。新しい生活や環境にも適応しやすいと言えるのかもしれません。

元カレのモノを持ち続けている人も、たとえばアクセサリーだったら、「高価だから」とか、「デザインがいいから」など、「今の自分」を飾るアイテムとして、割り切って持ち続けている人が多いようです。

第4章

モノをスッキリさせる

28 冷蔵庫はつくり置きより食べきり優先

冷蔵庫は魔法の箱ではありません。詰め込みはやめ、短期間の保存にとどめましょう。

29 帰宅動線に注目して「癒やし効果の高い家」にする

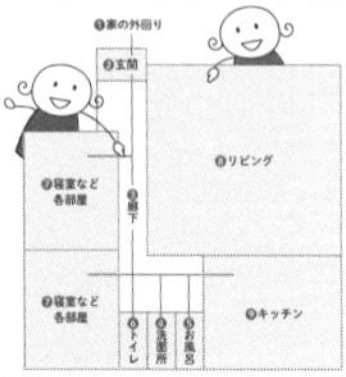

帰宅動線に沿って、
①外回り
②玄関
③廊下
の順に、まず片づけましょう。

30 自分だけのスペースは未来の自分への投資

片づけでできた空間に自分専用のデスクを置きましょう。自分専用の机があると集中力が高まります。

31 意外と難しいバッグ選びと整理のコツ

バッグは、仕事用、買い物用など行き先ごとの数だけあれば十分。また、どこに行くにも必要なものはバッグインバッグにまとめましょう。

32 貴重品・重要品は写真に撮って管理する

貴重品や重要品はリスト化して保管場所を家族で共有します。

33 実家の片づけは、親孝行＋相続対策

親が元気なうちに実家を片づけたほうが後悔しません。

第4章

モノをスッキリさせる TIPS 9

家に帰ってきた瞬間、ドッと疲れが押し寄せる人はモノの持ち方や片づけに赤信号が灯っています。
自分の好みを知り、モノを減らしていきましょう。

25

服を減らすと自分の好みが見えてくる

服が増えるのは、自分の選択基準が持てていないことが原因。
自分の好みがわからないなら、洋服の数を減らすことです。

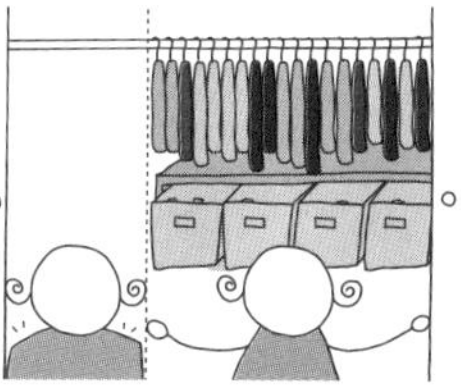

26

本の仕分けは、「読みたい」順で

本好きな人は、オリジナルの本棚をつくるイメージで整理しましょう。

27

書類・紙モノは徹底的に減らす

書類・紙モノは基本的に処分し、
心配なモノは
写真に撮っておきます。

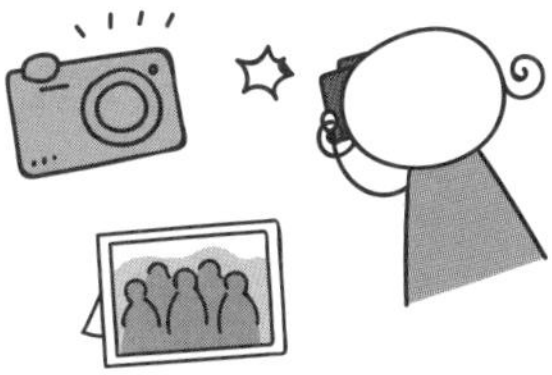

モノをスッキリさせる

25

服を減らすと自分の好みが見えてくる

洋服は衣替えしないですむ数に絞り込むのがコツです

服が増えるのは人目を気にしすぎるから!?

自分の好みではない服をたくさん持っている人がいます。スポーティなスタイルが好きなのに、ドレッシーな服も持っているなどのパターンです。

あまり着ない服が増える背景には、他人の好みや流行に左右されて、自分の選択基準が持てていないことがあります。自分の好みに自信を持つのは難しいことですが、本来、好みに正解・不正解はありません。もしも自分の好みがわからないなら、洋服の数を減らすことです。そうすることで、自分の好みが見えてくるからです。その結果、自分に自信が持てるという好循環が生まれるのです。

片づけが苦手な人は衣替えをしてはいけない

洋服の数を減らす際の目安は「クローゼットに入るだけ」です。さらに肩幅程度の空きができれば大成功。クローゼットに入らない服を部屋のパイプハンガーにかけているなら、まずパイプハンガーを捨てましょう。

片づけが苦手な人は衣替えを避けるべきです。クローゼットに1年分の服を納めるのです。ジャケット、シャツ（ブラウス）、パンツ（スカート）、靴の4つがそれぞれ4つずつあれば、それだけで計算上256通りの組み合わせができます。つまり週5日勤務なら、1年分の着回しができるのです。意外と服の数は必要ないことがわかるでしょう。

服は5種類に分けられますが（133ページ）、残すのは「着る服」だけ。問題は、ピアノなど習い事の発表会で着た服、結婚式など冠婚葬祭用の服やバッグといった「思い出の服」「よそ行きの服」。これらが必要になるのは年に1～2度ですから、クローゼットでハンガーにかけておく必要はありません。通気のよい収納ケースに入れ、押し入れの奥に保管しておけば十分です。

その他、洋服の収納のコツは次の通りです。

・**引き出しは50％**　引き出しは奥のほうが見えないため、片づけが苦手な人は手前半分に畳まず収納します。

・**ハンガーの数を決めておく**　洋服の数を決めて、お気に入りのハンガーを買うと、それ以上増えません。

POINT

洋服は組み合わせを工夫する。数は必要ない

洋服は一目で見渡せる量にする

片づけ前のクローゼットの中は……

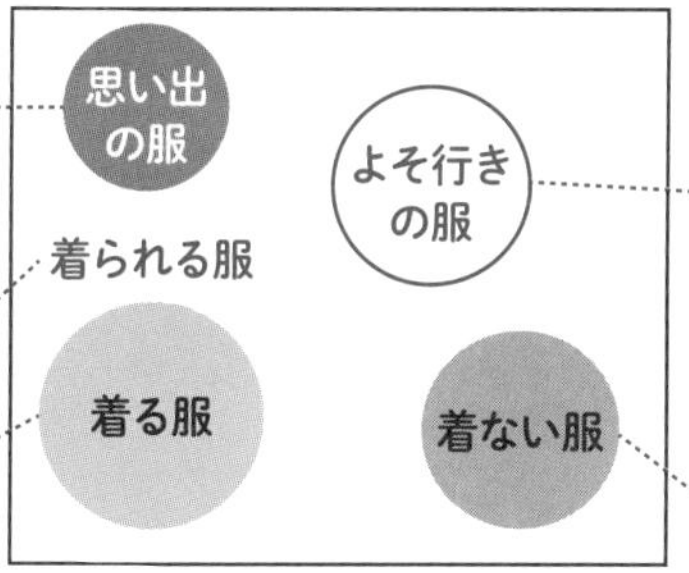

思い出の服
よそ行きの服
着られる服
着る服
着ない服
発表会で着た服など。処分できないなら、段ボールに入れ、押し入れの奥に保存
着られるが、気に入っていないので着ない服。処分の対象
日常的に必要な服
高級な服など。普段づかいにするか、処分する。冠婚葬祭用等は「洋服」ではなく「衣装」として段ボールに入れ、押し入れの奥に保存
破れていたり、シミがついている服、痩せたら着ようと思っている服など。処分の対象

クローゼットは「着る服」だけにする

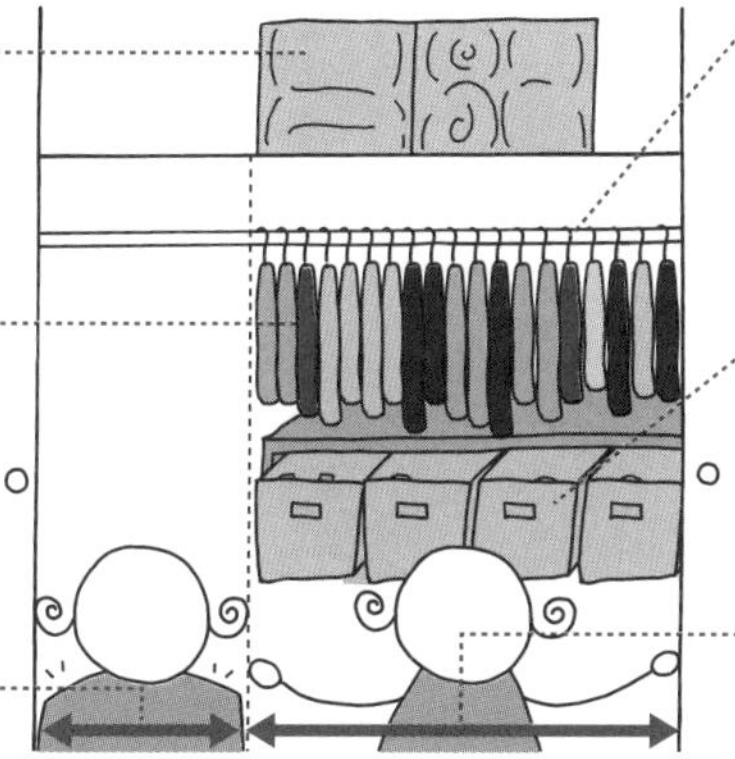

かさばる冬の防寒着などだけ、半透明ボックスなどに入れて、棚に置く
着た服は左からかけていき、時系列に並べる
（片づけ後、残った服の中でも、着ない服が右にたまっていく→次回処分の対象となる）
自分の肩幅くらいの余白をつくる
ハンガーの数を決めておく
引き出しは手前半分50%の収納
（下着、くつ下など畳まなくてOK）
1年間分が両手でおさまるくらいの量=「両手の法則」

本の仕分けは、「読みたい」順で

本の整理は、仕分けとともに読みたい本を読む時間の確保を

「読みたい本」「読まなければいけない本」「思い出の本」に分ける

本は情報なので、他のモノと違って非常に捨てにくく、選べないという人が多くいます。整理のワザのひとつに、本のジャンル別に分ける、文庫本や大型本などサイズごとに分ける、表紙の色別に並べるという方法があります。写真集などは、インテリアとしてディスプレイしているおしゃれなモデルルームもあります。

こういった収納ワザが中心の整理法は一般的ですが、読書好きの人が真似をすると、あっという間に挫折することになります。本が好きな人にとっては、本は読んでこそ価値が上がります。つまり、本を「持つ」ことではなく、「内面に落とし込む」ことが重要なのです。ですので、価値とは別の基準で並べると、心の中がダブルスタンダードになってしまい混乱します。

本好きの人にとって、いま読みたい本は、こうありたい自分の姿が活字化されたものです。ダイエットしたい人はダイエット本、英会話を上達させたい人は英会話の本がいま読みたい本でしょう。

そこで、**本好きの人は、「読みたい本」「読まなければいけない本」「思い出の本」に分けるとよいでしょう。**「読みたい本」は、自分の気持ちに正直に、さらに読みたい順に並べると、あなただけのオリジナルの本棚ができます。

「読まなければいけない本」は、仕事などで必要な本です。読みたい本と分けることで頭の中がスッキリします。

「思い出の本」は、付箋が貼ってあったり、アンダーラインがふんだんに引いてある参考書などです。そうそう読み返すことはないでしょうが、大事な思い出です。思い出コーナーに移すことで、いま読みたい本がさらにクリアになります。

本を読む時間を確保する

本好きの人は、本が片づかないことよりも、本を読めないことにストレスを感じます。**本好きの人にとって、活字はご飯と一緒**なのです。食べないと心身に影響をきたすと考えて、読む時間の確保を優先しましょう。映画好きの人が劇場や家でじっくりと時間をとって観るように、本好きの人も本を読むために十分なスケジュールをとり、電子ブックを持ち歩くなどの工夫をしましょう。

POINT

一番の本の整理法は自分の気持ちにしたがって本を並べること

本の仕分け法

自分の価値基準で分ける

読みたい本

自分の読みたい本

↓

読みたい順に並べることでオリジナル本棚が完成

読まなければいけない本

仕事などで必要な本

↓

読みたい本と分けることで頭がスッキリする

思い出の本

活用した参考書など

↓

思い出コーナーに移すことで、読みたい本がさらにクリアに

モノをスッキリさせる 27

書類・紙モノは徹底的に減らす

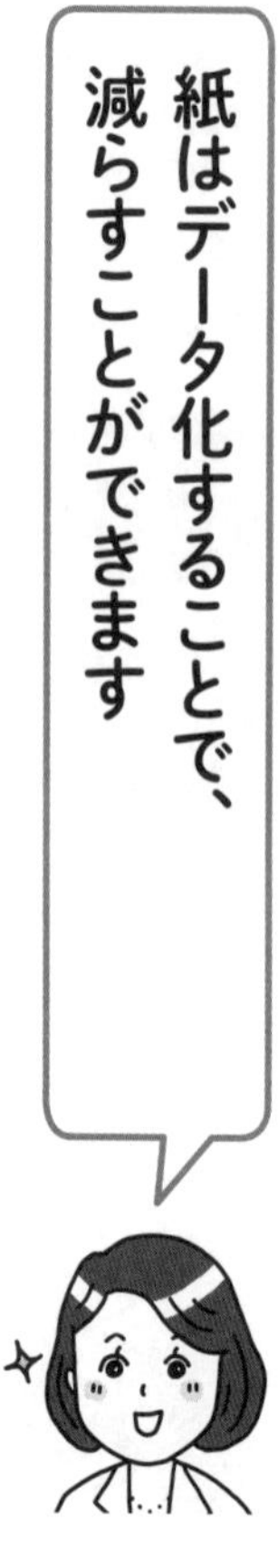
紙はデータ化することで、減らすことができます

領収書・取扱い説明書の保存期限

書類・紙モノの筆頭といえば、領収書。とくに「いつまで保存？ 公共料金などの領収書の整理」という記事は、私のブログでも高アクセスをいただいています。

ガス・電気の保存期限の目安は2年。水道料金は5年です。ガス・電気は民営化されているので、水道料金よりも保存期限が短く、水道料金の5年というのは、

水道料金が高いなどの理由で、水道局に異議申し立てをできる期限です。

毎年誕生月に送られてくる年金の記録が記載された「**ねんきん定期便**」は、今あるものからでいいので、**すべて保存**しておきましょう。超高齢化社会では、今後、どのような変革があるかわかりません。

次に取扱い説明書。パソコンやテレビ、冷蔵庫など、毎日よく使うものは、買った当初はその家電のそばに保管し、使い慣れたら、処分しましょう。いまはメーカーのHPにも取扱い説明書が掲載されている家電が多くなりました。**インターネットで検索できますので、紙の取扱い説明書は必要ありません。**

USBメモリーや、ドライヤーなど、保証期間も短く使い方が単純なものは、買ってすぐに捨てて困ることはありません。購入から5年以上経過している古い家電の取扱い説明書も処分がおすすめです。

写真の整理

スマホで撮った写真は、スキマ時間にお気に入りだけをアルバムに移しておきましょう。基本的にはテーマごとよりも日付の新しいもの順に並べる時系列整理が簡単なのでおすすめです。

気に入った写真は、きちんとプリントして飾ります。データや紙焼きの写真をインターネットや宅配便で送ると、冊子のアルバムをつくってくれるサービスもあるので、うまく利用するといいでしょう。

ご先祖様や誰が写っているのかわからないものは、写真を写真で撮った後に処分をしたり、写真供養に出す方法があります。地元の神社やお寺に聞いてみましょう。

このように、案外、きちんととっておいたほうがいいものは、少ないことがわかります。**心配なものは、写真に撮ってデータとして残しておけばよいのです。**

POINT

領収書、取扱い説明書は処分の対象。写真はお気に入りだけプリントして飾る

書類・紙モノは時期を決め、処分する

書類・紙モノ

【領収書】

ガス料金、電気料金
→2年

水道料金
→5年

【取扱い説明書】

パソコン・テレビ・
冷蔵庫などよく使うモノ
→購入当初はそばに保管し、
使い慣れたら処分

USB メモリー、
ドライヤーなど、
保証期間が短く、
使用方法が
単純なモノ
→購入後、
すぐに処分

【心配なモノ】

→写真に撮ってデータ化

購入から5年以上
経過している
古い家電のモノ
→処分

ねんきん定期便→保存

今後、制度がどのように変わるかわからないのでとっておきましょう

写真

【スマホの写真】

→スキマ時間に整理し、
気に入った写真はプリントして飾る

【ご先祖様の写真など】

→プリント写真を写真で撮って
（データ化して）処分
そのまま捨てるのに抵抗がある
場合は写真供養に出す

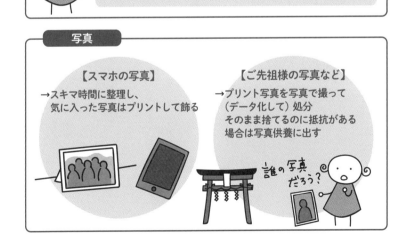

モノを
スッキリ
させる

28

冷蔵庫はつくり置きより食べきり優先

冷蔵庫に入れておけば
腐らないと思っていませんか?

冷蔵庫は、食生活の鏡

冷蔵庫をみると、その人の食生活がはっきりとわかります。食生活だけでなく、掃除の頻度や、買いものの仕方などすべて現れます。

冷蔵庫は空気の対流によって全体が冷やされるので、どんな新製品でも詰め込みすぎはよくありません。冷蔵庫の中は、できるだけモノを詰め込まない工夫をして、**奥まで見える状態にしておきましょう。**冷蔵庫のモノが少なくなると、掃除もラクです。

外食が多い人でも、**必ず1ヶ月に1回は拭き掃除をしてください。**アルコールのスプレーをかけて拭くと、除菌もできます（火気や換気に注意）。食べものにかかっても大丈夫なタイプも市販されています。

拭くものは、使い捨てのペーパーなどを活用すると手軽に掃除できます。お弁当についてくる紙おしぼりや、街頭で配っているポケットティッシュなどを冷蔵庫のそばにまとめておくといいでしょう。

片づけが苦手な人は、つくり置きよりも「食べきり」をめざす

片づけにうかがってよくびっくりするのは、とんでもなく古い食べものが冷蔵庫に入っていることです。5年前ぐらいに冷凍した魚や、半年前のヨーグルト、いつのものかわからない保存容器に入った漬物などです。

私はこれを「冷蔵庫神話」と呼んでいます。冷蔵庫は魔法の箱ではありません。

つくり置きや空気をよく抜かず冷凍したものは、短い期間しか持ちませんので、管理が苦手な人につくり置きや冷凍はおすすめしません。

それよりも、ゆでたり、焼いたり、簡単な調理でよいので、サッとつくって食べきりましょう。調味料もたくさんの種類は必要ありません。塩、こしょう、しょうゆ、みりんだけでも、結構なバリエーションの料理が楽しめます。

また、一人暮らしや夫婦だけなら、ソースやケチャップは、賞味期限内に使い切れる小さいサイズを購入しましょう。

万が一、**地震などの非常時に電気が通らなければ、冷蔵庫はただの箱になります。**非常食は、常温のモノを充実させたほうが賢明です。

POINT

冷蔵庫を過信して、長期保存したり、モノを詰め込みすぎてはいけない

冷蔵庫は新鮮なものを清潔に保つ場所

調味料は
賞味期限内に
使い切れる
サイズを買う
1ヶ月に1回は
拭き掃除を
する
奥まで
見えるよう、
モノを詰め込み
すぎない
つくり置きや
冷凍は最小限に
使い捨ての
紙おしぼりなどを
冷蔵庫のそばに
まとめておく

モノをスッキリさせる

29

帰宅動線に注目して「癒やし効果の高い家」にする

玄関や廊下を優先すると癒やし効果は高くなります

リビングよりも玄関・廊下を優先する

片づけが苦手な人に、帰宅動線に沿って進める片づけ方があります。一日外で活動し、疲れて家に入る瞬間、玄関が散らかっていると、疲れは倍増。イライラが募りがちです。

逆に言えば、家に帰った時に最初に目に入る外回り、玄関、廊下がきれいに片づいていると、ホッとします。帰宅の瞬間の癒やし効果が高くなるのです。

帰宅動線に沿って、①外回り→②玄関→③廊下を片づけると、片づけのスキルも上がり、気持ちにも勢いがつきます。

リビング、キッチンは大らかな気持ちで見守る

続いて④洗面所→⑤お風呂→⑥トイレといった狭くて達成感を得やすいエリア、次に⑦寝室など各部屋→⑧リビング→⑨キッチンと進めます。

リビングはテーブルエリア、テレビエリアなど一室をさらに細かく区切って進めると取り組みやすくなります。キッチンなど手間のかかるスペースも、目につきやすい流しやコンロまわりなど、平面を広く見せる気持ちで取り組みましょう。

片づけの際の意識の持ち方のコツは「面」を多く出す意識を持つこと。テーブル、床は面を多く出すのが基本です。

掃除の際にも帰宅動線を意識して行うと効果的です。帰宅動線上に掃除道具を置くと、取りかかりやすくなるでしょう。

掃除でも、面を意識します。テーブルの上などの面を拭き掃除するのと同時に、テレビの画面や観葉植物の葉っぱも面。拭き掃除して清潔にしてください。面をきれいにすると、ほんの数秒の手間で、大きなスッキリ感が得られます。

家の片づけ・掃除には家族の協力が欠かせませんが、口うるさく言っても習慣づけるのは容易ではありません。たとえばダイニングテーブルの上にはモノを置かないなど、**最低限のルールだけ伝えて守ってもらいます。**それができたら次のルール、と長い目で考えるのが大切です。

一番散らかりがちなのはリビングかキッチンですが、**家族が集まるのは良好な関係を結んでいるということ**でもあります。大らかな気持ちで見守りましょう。

POINT

面を多く出す意識を持つと片づけがうまくなる

帰宅動線の順に片づける

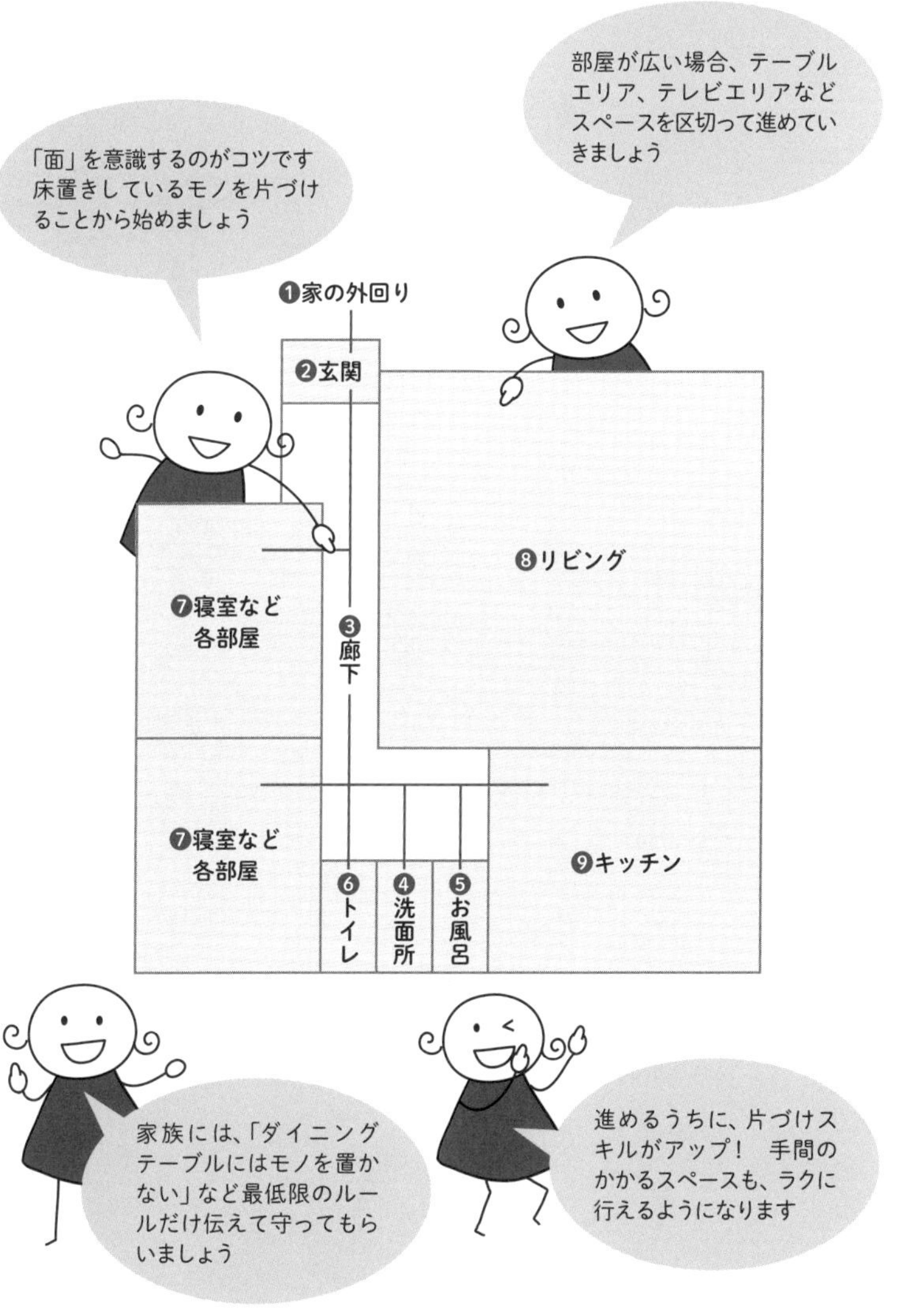
部屋が広い場合、テーブルエリア、テレビエリアなどスペースを区切って進めていきましょう
「面」を意識するのがコツです
床置きしているモノを片づけることから始めましょう
❶家の外回り
❷玄関
❸廊下
❹洗面所
❺お風呂
❻トイレ
❼寝室など各部屋
❼寝室など各部屋
❽リビング
❾キッチン
家族には、「ダイニングテーブルにはモノを置かない」など最低限のルールだけ伝えて守ってもらいましょう
進めるうちに、片づけスキルがアップ！　手間のかかるスペースも、ラクに行えるようになります

モノを
スッキリ
させる

30

自分だけのスペースは未来の自分への投資

大人になっても〝自分だけのスペース〟が必要です

小さくてもいい。自分専用のデスクを持とう

あなたは今、自宅に自分専用のデスクがあるでしょうか。「子どもと夫はあるけれど、私はない」という女性は多いでしょう。

実は私もその一人でした。独立して一人暮らしを始めたときは、小さいダイニングテーブルが食事・勉強・仕事の場所でした。家族ができてからも、サイズは大きくなったもののダイニングテーブルで仕事をしていました。

子どもが生まれるまでは、なんとかなっていたのですが、出産してからは、保育園のお便りがダイニングテーブルに山積みで収拾がつかなくなりました。

当時は時短勤務で帰宅後にも仕事をしていましたから、保育園のお便りに加えて、仕事の資料もごちゃごちゃです。食器を置けるスペースだけ空けて、食事をするような状況でした。そこで「このままではいけない！」と一念発起して、**リビングを片づけ、その一角に小さな仕事机を置きました。**現在の片づけのアドバイザーの仕事は、この机での勉強が礎です。

誰にとっても、自分だけのスペースを持つことは大切なことです。自分専用の部屋を持つのは無理でも諦めないでください。**リビングの一角や廊下の端っこでいいのです。**片づけでできた空間に自分専用のデスクを置いてください。スキルアップのための勉強にしても、読書にしても、趣味にしても、**自分専用の机があると集中力が違ってきます。**

特に主婦の方は、ダイニングテーブルが自分の机になりがちですが、自分専用の机で縫い物などの趣味、家計簿づけ、読書をしてほしいのです。短時間でも、自分の場所で過ごすと心の余裕が生まれます。

それは**将来の自分への最大の投資の時間**と言えるものです。

デスクはモノ置きにしない

机上は面をできるだけ広く取ることが作業のしやすさにつながります。忙しいと資料や道具が雑然と並んでしまいますが、**引き出しやファイルボックス等を利用してできるだけ机上の面を広く**しましょう（左図）。

取りかかる前に、片づけをしなければいけない状況では、やる気がそがれてしまいます。

POINT

机の上は、「やろう！」というときにすぐに取りかかれる状態にしておく

机上の面を広く保つ整理のコツ

未処理のモノを左、進行中のモノを真ん中、終了したモノを右へと移動させていく

書類は積み上げるよりも、立てていくほうが場所をとらない

1つのクリアファイルには1種類の関連書類しか入れない

未処理ボックス

いっぱいだとストレスになるので、早く取り組んでいく。緊急のモノはインデックスをつけるなどしてわかるようにする

終了ボックス

いっぱいになる前に、捨てるモノと保管しておくモノに分け、保管しておくモノは保管ボックスへ入れ、押し入れなどへしまう

保管ボックス移動後、1年以上使わなかった資料はその後も99%使わないので捨ててOK。迷ったら、スキャンしてデータを保存しましょう

進行中ボックス

やりかけのモノは机の引き出しにしまい、そこから出して片づけていく

文房具は必要なモノだけそろえ、引き出しにしまう

モノをスッキリさせる

31

意外と難しいバッグ選びと整理のコツ

用途別に1つずつあれば十分。多いとスペースを圧迫します

バッグ選びは失敗から学ぶもの

当たり前のことですが、バッグは外出時に持っていくもの。外での人生の一部を表すものですから、バッグが趣味という人も多いようです。

ただし、〝自分にとっていいモノ〟がわかりづらいのもバッグ。理想がいろいろあるわりに、それを完璧に実現するバッグはあまりありません。**実際に使って**

みないとわからないのです。意外と重かった、内ポケットの大きさが足りなかったなど、買った後で想定とは違う理想が出てきたり……。**失敗しながら学ぶのがバッグなのです。**ですから、高価なブランドバッグを買うなら、失敗を何回か経験し、自分の理想がわかってからがおすすめです。

本来バッグは数が必要なものではありません。仕事用、買い物用、ジム用、休日用など、自分の行き先ごとにあれば十分。買い物用と休日用など兼用することもできます。**バッグの収納のコツは、専用のバッグ置き場をつくらないこと。**例えば、ジム用なら、ウェアやタオルと同じ場所にするなど、用途別に収納してください。なお、バッグは素材によって寿命が異なります。合成皮革などのビニール製品は2年ほどでひび割れなどの劣化が見られるようになりますから、その時点で買い換えを検討します。

中身の整理も怠りなく

バッグの中身は、1日1回出してチェックするのが理想。財布や眼鏡など、どこに行くにも必要なものはバッグインバッグにまとめておくと、バッグの持ち替えが簡単です。

財布も1日1回は整理したいもの。レシートを出して、その日の出費を見ながら翌日の用意をしましょう。診察券やショップカードなどは、翌日に使用するものだけを入れます。忙しいときは、仕事のお昼休みを利用して、中身チェックをすると、帰宅時のムダ買いも減ります。

女性の場合、化粧ポーチの整理も定期的に。ポーチは汚れやすいので時々洗濯します。気分転換に買うならバッグよりポーチがおすすめです。

POINT

用途ごとにバッグを決めることで収納も出かける準備もラクになり、忘れ物もしない

バッグは行き先の数だけあれば十分

財布や眼鏡など、どこに行くにも必要なものは
バッグインバッグにまとめておけば
このバッグを出し入れするだけで、お出かけ準備完了！
社員証、会社のカギなど
仕事用
買い物用
ビニール袋など
室内シューズ、
着替えなど
休日用
カメラなど
ジム用
ジム用の着替えは洗濯後、
そのままジム用カバンへ
入れればOK
使ったバッグの中身は、
1日1回出してチェック

モノをスッキリさせる

32

貴重品・重要品は写真に撮って管理する

貴重品はリスト化し、家族で共有しましょう

貴重品・重要品を一箇所にあつめて写真に撮る

ある程度部屋が片づいたら、161ページのリストを参考に、貴重品・重要品を1つのボックスにまとめ、ノートや手帳、PC、スマホ内にリスト化します。

通帳やカードなど、大事なモノは並べて写真に撮ると、ラクに整理ができます。たとえば通帳などを並べて写真に撮るだけで、口座番号の記録までとることができ、プリントして横に残高を書けば立派なエンディングノートの資料になります。並べることで余計なカードや通帳があれば、解約するきっかけになります。また、写真はプリントアウトして、防災リュックに入れておくと安心です。

ＰＣやＳＮＳのパスワードも同様です。**リスト化しながら、不要なサービスは解約して、管理しなければいけないモノを減らしていきましょう。**

よく使うモノ・保存するモノに分ける

貴重品類のリスト化が済んだら、よく使う貴重品と、使わないけれどとっておかなければいけない貴重品に分けます。よく使う貴重品の代表は、いま動いている通帳です。繰越済みの古い通帳は、取引の履歴が相続時に必要になる場合があります。必要な人は保存しておいたほうが安心です。

家の登記済権利書（登記識別情報通知）のように、大事だけれども使わないモノは、銀行やハウスメーカーの封筒などに入れたまま、何年も開けていないケースもあるでしょう。久しぶりに整理する場合は必ず封筒の中身を確認しましょう。

権利書と思っていたらローンの明細で、家を売る直前にてんてこまいされた例がありました。**家に関するモノは、リフォームの設計図を含め、なるべく一緒に保管しておいたほうが便利です。**たいてい必要なときは、セットで必要になるからです。

車、ゴルフやリゾート会員権なども同様です。作家物の茶碗や宝石などは、鑑定書や箱・ケースがある場合は、現物と一緒に丁寧に保管します。

保管場所は家族で共有し、泥棒が3分以上探しても見つけられない場所が理想です。ただし、いざというときに出てこなければ意味がありません。家全体をきれいにして泥棒に狙われないようにするのも大事です。一人暮らしの人も、病気やけがなど万が一のときのために、保管場所を家族に伝えておきましょう。

POINT

貴重品・重要品をまとめてリスト化して、家族と共有しておけば、いざというとき安心

貴重品・重要品の管理方法

貴重品・重要品を1つの箱にまとめる

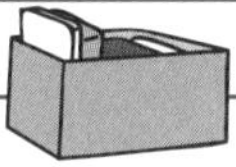

▼

ノートや手帳、PC、スマホ内にリスト化
（通帳・カードなどは写真に撮ってプリントアウトしたものでもOK）

▼

リスト化する貴重品・重要品類

□預貯金（残高メモ）
□印鑑（実印・銀行印）
□生命保険・損害保険（契約内容も）
□公的年金の記録・私的年金の名称・年金手帳
□健康保険証
□介護保険証
□運転免許証番号
□パスポート番号
□マイナンバー
□不動産情報
□有価証券
□その他金融資産（先物取引・海外資産・外貨預金・ネットバンキングなど）
□貴重品（貴金属・骨董品・絵画など）
□電気・ガス・水道料金の契約状況（引き落とし口座、支払い方法も確認）
□貸金庫・レンタル倉庫・トランクルーム・クレジットカード・互助会・携帯電話・インターネット・SNS（パスワード・ID）
□ショップなどの有料会員情報
□借入金・保証債務（残高）
□その他（健康情報／既往症、お薬手帳や通院状況）

など

▼

よく使う貴重品と
使わない貴重品に分ける

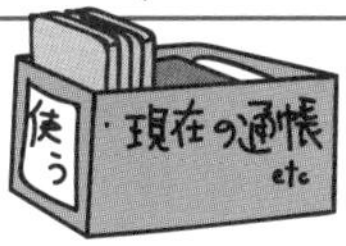

▼

保管する

場所は家族で共有

泥棒が3分以内に
見つけられない場所にする

これを機に、使っていない通帳やクレジットカード、
ポイントカード、SNSアカウントは解約しよう

実家の片づけは、親孝行＋相続対策

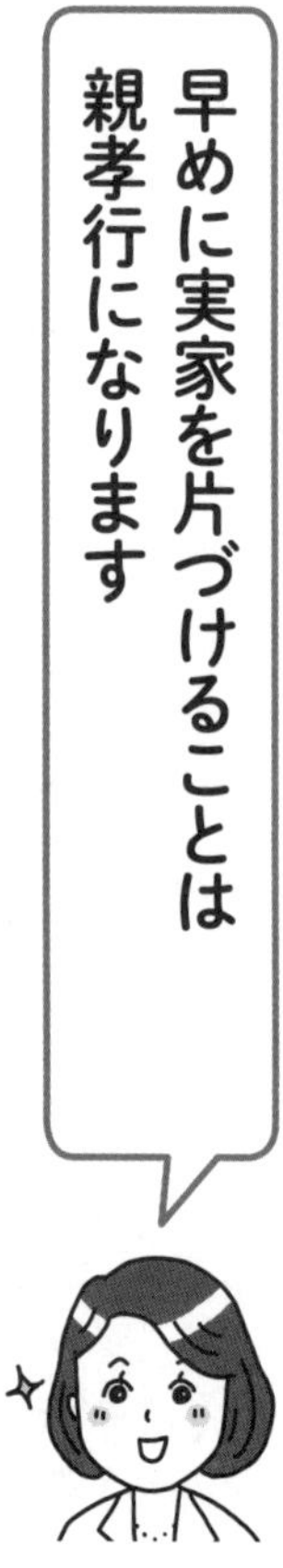
早めに実家を片づけることは親孝行になります

突然降りかかる「親の財産の片づけ」

私は実家片づけアドバイザーとして活動していて、親が高齢になって家の散らかりが心配な子世代や、親自身の生前整理の相談に乗ることが多くあります。

ある日突然、親や祖父母の具合が悪くなり、子ども世代の肩に膨大な家屋の整理や介護、さまざまな手続きがのしかかり、困っている人に多く出会います。

片づけは、最大の相続対策。できるだけ早く始めよう

「お金の話をするのははしたない」という親世代ですが、何もせず、実家にどんな財産があるのかわからないままだと、将来、あなたの大事な時間や手間暇を費やすことになります。リフォームなどを想定し、親が元気なうちに片づけながら、自然とお金の話ができるようになるのが理想です。

将来、実家に「住む」「貸す」「売る」のいずれにしても、片づいていないことには始まりません。実家の片づけに、早すぎることはありません。親は平均寿命まで元気に生きると思っている人が多いですが、実際は、健康寿命と平均寿命の差は女性で約12年、男性で約9年です。いまは老老介護、そして老老片づけの時代です。自分もともに年をとりますし、案外時間はないのです。体力が無くなる前に、使わない通帳の整理、家の状況などを確認しておきましょう。

親とはすぐにケンカになるから、亡くなってから「全部捨てればいい」という人もよくいらっしゃいます。家一軒まるごと家財を処分すると、広さや状況、地

域によりますが、ワンルームで約5万円〜、一軒家なら約30〜100万円、それ以上掛かる場合もあります。この費用は相続人が丸抱えとなります。つまり、実家に残された荷物は負の財産なのです。この費用を少しでも減らすためにも、普段から、片づけておくことが大切です。

親が元気なうちに数万円の片づけサービスで快適な生活空間を取り戻し、親子でよい時間を過ごしている例も増えてきています。親が亡くなってからお金をかけるよりも、生きているうちに使ったほうが前向きです。**片づけは最大の相続対策、そして親孝行と言えるのです。**人は何かをして失敗したことよりも、何もしなかったことを後悔するものです。ぜひ考えていただきたいです。

POINT

親と一緒に片づけたほうが、親の大切なモノもわかり、後悔のない実家の片づけができる

実家の片づけは早めが肝心

親が元気なうちに、実家を片づけよう

モノが多くなっていて、
転んだりしたら危ないから
必要ないモノは捨てよう
リビングも台所も
広くなったら、
気持ちいいよ

盆暮れの帰省時、きょうだいが集まったときに、将来「だれ」が「住む」「売る」「貸す」のか、シミュレーションしておく

誰が片づける？
解体すると
いくら？
相続人は？

不動産の売買に必要な主な書類

- 登記簿謄本（現在の権利関係・築年数を把握。法務局で取得できる）
- 売買契約書（当時のもの。なければ売買時に手続きが必要）
- 重要事項説明書
- 土地測量図・境界確認書（マンションは不要）
- 図面や設備の仕様書など
- 固定資産税納税通知書
- 維持費等の書類・マンションの規約（マンションの場合のみ）
- ローン残高証明書
- リフォーム履歴の書類
- 火災・地震保険契約証
- 印鑑証明書
- 物件のパンフレットなど
- 建築確認済書・検査済書・建築設計図書など（マンションは不要）
- 諸経費（町内会費、管理費、固定資産税、修繕費、庭木の剪定、往復交通費など）

COLUMN

スーパーで買いすぎを防ぐ5つの思考

モノが増える大きな原因に「買いすぎ」があります。適切な量のモノを買うようになると、そもそも片づけたり、維持管理する手間もかかりません。特にスーパーで買いすぎを防ぐ方法を紹介しましょう。

❶まとめ買いをやめる

食料品や生活用品が特売になっていると、お得な気がしますが、まとめ買いは管理が大変。ネット通販などの定期購入に切り替えるのも賢い選択です。

❷ワンサイズ小さなものを購入する

ソースやしょうゆなど、開封後に味が落ちるものは、管理の時間や手間を省くためにもワンサイズ小さめのものを購入しましょう。汚れる前に食べきることができるので、清掃もラクです。

❸メインの売り場はたいてい奥にある

店の入口には手に取りやすい商品、奥には肉や魚などメイン商品があります。店の仕掛けに誘導されず、必要なモノだけ購入しましょう。

❹値札の赤色で気持ちを動かされない

スーパーの価格の赤字の文字は、購買意欲を刺激する色です。注意しましょう。

❺人には「損失回避」の心理があることを知る

人は得をするよりも損を嫌います。「タイムセール」「今だけ」「限定」などと言われると、「損をしたくない」と思わず手が伸びてしまいがちです。「今買わなくちゃ」と思わず、本当に必要かどうか、将来の自分にふさわしいかどうかなど、冷静に考えて判断しましょう。

第5章

時間と人間関係をスッキリさせる

37 仕事の悩みもスッキリ片づける

仕事の悩みは、仕事そのものより
人間関係のほうが多いもの。
「問題焦点型」か「情動焦点型」に分けて
対処しましょう。
何か問題が起きるのは、
成長のチャンスを与えられたということ――
そう考えることで、人生の糧になると思えます。

38 友達づきあいで悩みすぎない

友達は自分で距離を調整できますから、
本来は悩む必要がない対象です。
それなのに悩んでしまうのは、
自分の本当の心に気づいていない
可能性があります。

39 実は一番むずかしい家族との関係

家族は関係が近いぶん、
甘えからコミュニケーションが
おろそかになりがちです。
自然と会話が増える環境を
整えましょう。

第5章

時間と人間関係をスッキリさせる TIPS 6

自分が思い描く通りの人生を歩むには
モノと同様、時間や人間関係も片づけることが大切。
余白をつくり、ゆとりを持ちましょう。

34 片づけの考え方で時間の余裕をつくる

ワーク・ライフ・バランスは
一生の問題。
仕事や家事の時間を効率化して、
できた余白の時間を充実させましょう。

35 時間の片づけで余白のある1日をつくる

「だらだら過ごす」「何もしない」時間も
脳の余白をつくる大切な予定ととらえ、
自分がイニシアティブを取って過ごせば、
後悔することはありません。

36 時間資産を増やす買いものをする

買いもので迷ったら、
値段よりも
時間尺度で選択すると、
人生を豊かにしてくれます。

片づけの考え方で時間の余裕をつくる

優先度を基準にして取捨選択するとパフォーマンスが上がります

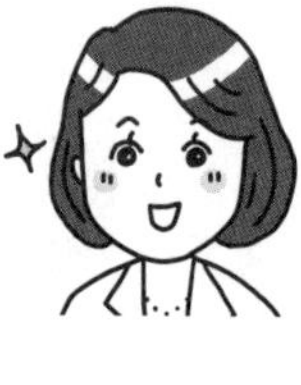

生産性は制限から生まれる

若い頃ハードワークが生きがいだった私の考え方が変わったのは、出産後に仕事に復帰したときです。当時子どもが通う保育園では延長保育の枠が少なく、お迎え時間を1分でも過ぎると厳しく叱られました。一方で会社では育休取得の第1号。当時は子育てと会社勤めの両立が、今ほど一般的ではなく、私は「時短勤務で申しわけない」という気持ちで、迷惑をかけないように必死でした。

ところがその年、私は会社貢献度の社員ランキングで2位という自分でも意外すぎる好成績だったのです。私は**時短勤務にもかかわらず、フルタイムのときと同様、あるいはそれ以上の成果を出していたのです**。

この結果は、誇らしいどころか、私を落ち込ませました。フルタイム勤務の残業ばかりの毎日でも、プライベートの時間を充実させることができたのではないか、と。「ダラダラしていたんだな」「もっとアレができた、コレができた」と、浮かぶのは反省点ばかりでした。

この経験からわかったのは、**強制的に時間を短くすると、集中力を発揮できる**こと。自然とムダな作業を避け、優先度の高いものを選び取れること。つまり、片づけと同じ考え方を仕事でもしていたのです。

仕事も片づけも余白をつくることを意識する

仕事にかけた時間と成果は、直結しにくいものです。仕事時間が2倍になれば、仕事のクオリティも2倍になるかといえば、そうはならないのです。

仕事は、時間・コスト・クオリティ（売上）のバランスで決まります。時間や予算など、**制限がある中で精一杯のクオリティ（売上）を目指す**のが仕事ですが、これは家事でも同じ。

片づけや掃除にかけられる時間は限られています。家をピカピカにすることに夢中になって、家族との時間や自分の時間をおろそかにするのは本末転倒。

ワーク・ライフ・バランスは一生の問題です。**仕事や家事の時間を効率化して、できた余白の時間を充実させる**ことも片づけではないでしょうか。

POINT

仕事や家事を効率化して、ワーク・ライフ・バランスを実現する

仕事にも家事にも片づけテクニックを活かす

仕事

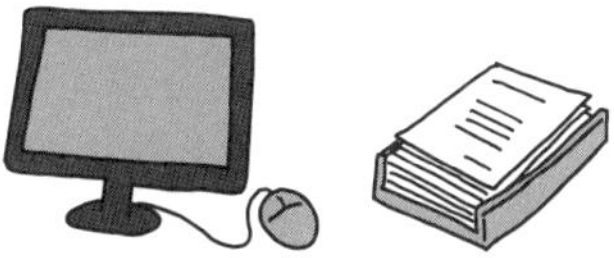

時間やコストなどそもそも制限がある

その制限の中で精一杯の
クオリティ（売上）を目指す

家事

自分や家族との時間を考慮し、
片づけや掃除にかける時間を設定

その制限の中で片づけや
掃除を行う

集中力が発揮できる
ムダな作業を避け、優先度の高いものを選び取れる

ワーク・ライフ・バランス

時間と人間関係をスッキリさせる

35

時間の片づけで余白のある1日をつくる

時間の割り振りは、グレーゾーンをなくすことが大切です

グレーゾーンは仕事の時間

1日の時間は「仕事」と「プライベート」の2つに分けられます。このどちらに分類をするか迷ってしまうグレーゾーンの時間もあります。つきあいの飲み会、社員旅行などです。グレーゾーンの時間というのは、仕事時間以上に心の負担になることは多いものです。意識の問題ですが、**グレーゾーンは仕事時間に割り振**

ると心の負担感が減る効果があります。

会社のつきあい以外にも、親戚とのつきあい、町内会のイベントなど「やらなければいけないこと」「やらされ感」のあるものはすべて仕事ととらえてみてください。プライベートと考えると時間の無駄に感じますが、仕事と考えると短く感じます。

戦略的だらだら時間で脳に余白をつくる

プライベートで一番長いのは、睡眠時間です。睡眠を大切にすることで起きている時間のパフォーマンスも上がります。そのためには、寝具を整えること。ベッドメイキングと言うと「面倒だな」と感じますが、起き上がったときに掛け布団を整えるだけでOK。服を脱いだらかけるのと同じように、自然の流れでできるように習慣づけてみてください。1分もかかりません。

ベッドは部屋に占める面積が広いので、ベッドが整っていると部屋が片づいている印象になるのです。

シーツ洗いや布団干しなどは人によって頻度が異なりますが、週に1度は湿気を逃したいもの。天日干しが理想ですが、休日に悪天候が続くようなら、室内で空気を通してください。**ソファーなど大きな家具にかけるだけでよい**でしょう。

睡眠やリラックスの時間は戦略的に確保することが大切です。休日に布団の中でさほど見たくもないテレビ番組やSNSを見て1日を終わらせ、後悔した経験はないでしょうか。ポイントは後悔しないこと。「**だらだら過ごす**」「**何もしない**」**も脳の余白をつくる大切な予定**ととらえて、手帳にその時間を組み入れましょう。自分がイニシアティブを取って過ごした時間なら、たとえ生産性がなくても後悔することはありません。

POINT

イニシアティブを取って時間を過ごせば後悔することはない

時間を「仕事」と「プライベート」に分ける

「仕事」の時間

- ▶会社にいる時間
- ▶つきあいの飲み会
- ▶社員旅行
- ▶面倒な親戚とのつきあい
- ▶町内会のイベント

など

（つきあいの飲み会〜町内会のイベント）グレーゾーンは仕事に分類する！

「やらされ感」の
ある時間は
すべて仕事時間と思う

「プライベート」の時間

- ▶睡眠時間
- ▶友人と遊ぶ
- ▶趣味の時間
- ▶何もしない

など

「だらだら過ごす」
時間も手帳に書き込む

時間と
人間関係を
スッキリさせる

36

時間資産を増やす買いものをする

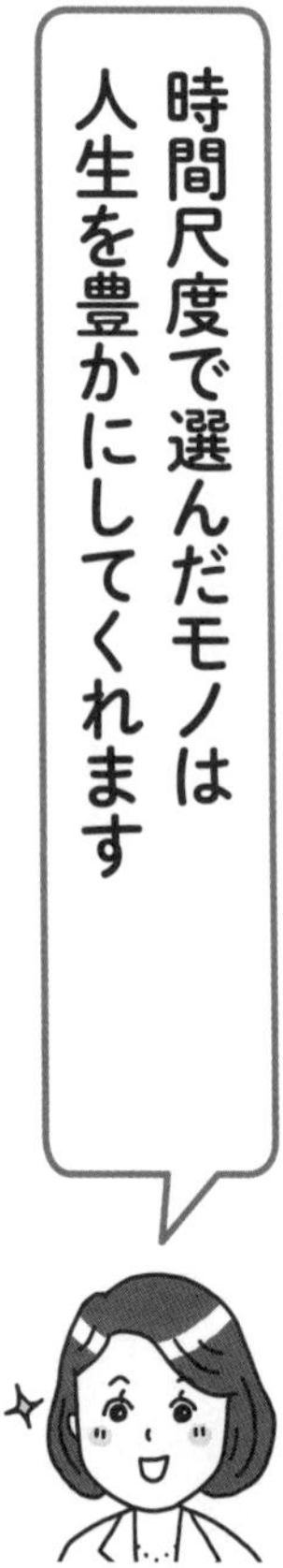
時間尺度で選んだモノは人生を豊かにしてくれます

価格よりも時間尺度でモノを買う

ある受講者さんが、私の講座に遅刻してきました。「靴下が片方みつからなかったから」という理由でした。私は正直におっしゃってくれたことに感謝しつつ「片づけのファーストステップですね」とお伝えし、一緒に対策を考えました。

この方にまず提案したのは、全自動洗濯乾燥機への買い替えです。ちょうど洗濯機の買い替えを考えているということでしたが、予算オーバーでどうしようか迷っていらっしゃいました。

私自身は全自動洗濯乾燥機にしてから干す手間が省かれ、1日約20分の時間が浮いたという話をしました。天気を気にせずいつでも洗濯できるのもメリットです。

さらに、靴下はお気に入りがあればまとめて買うように伝えました。洗濯機から乾燥済みの靴下を取り出し、組み合わせを気にすることなく引き出しにしまうことができます。たとえバラバラになっていても関係ありません。この方からは、その後、探しものの時間が減り、遅刻が減ったとうれしい報告を受けました。

買いものをするとき、迷ったら目先の値段よりも、**時間尺度で選ぶと、時間という資産が増えます**。忙しい毎日にゆとりができるのです。

時間を節約するモノ選び

そのほか、形状記憶のワイシャツなら、アイロンをかける時間が減ります。

ロボット掃除機を使えば、まず通り道の床置きをすぐに片づけるようになりますし、出かける前にスイッチオンするだけで、帰宅したときには気持ちのよい部屋が待っています。

もし、あなたが時給1500円で働いているとしたら、20分の掃除機かけは、500円ぶんの労働と換算できます。ロボット掃除機を使えば、労働の提供に加え、20分の自由な時間を生み出してくれるので、500円×2となり、毎日1000円の価値を生んでくれると考えることができます。1年で3万6500円ですので、2年もすれば、ロボット掃除機代は元をとれるでしょう。

時間は大切な資産です。**時間を大切に使うことは、人生を豊かにします。**迷うときは、時間を増やしてくれるモノを選びましょう。

POINT

時間を大切にするということは、時間を節約し、自分の時間を増やすこと

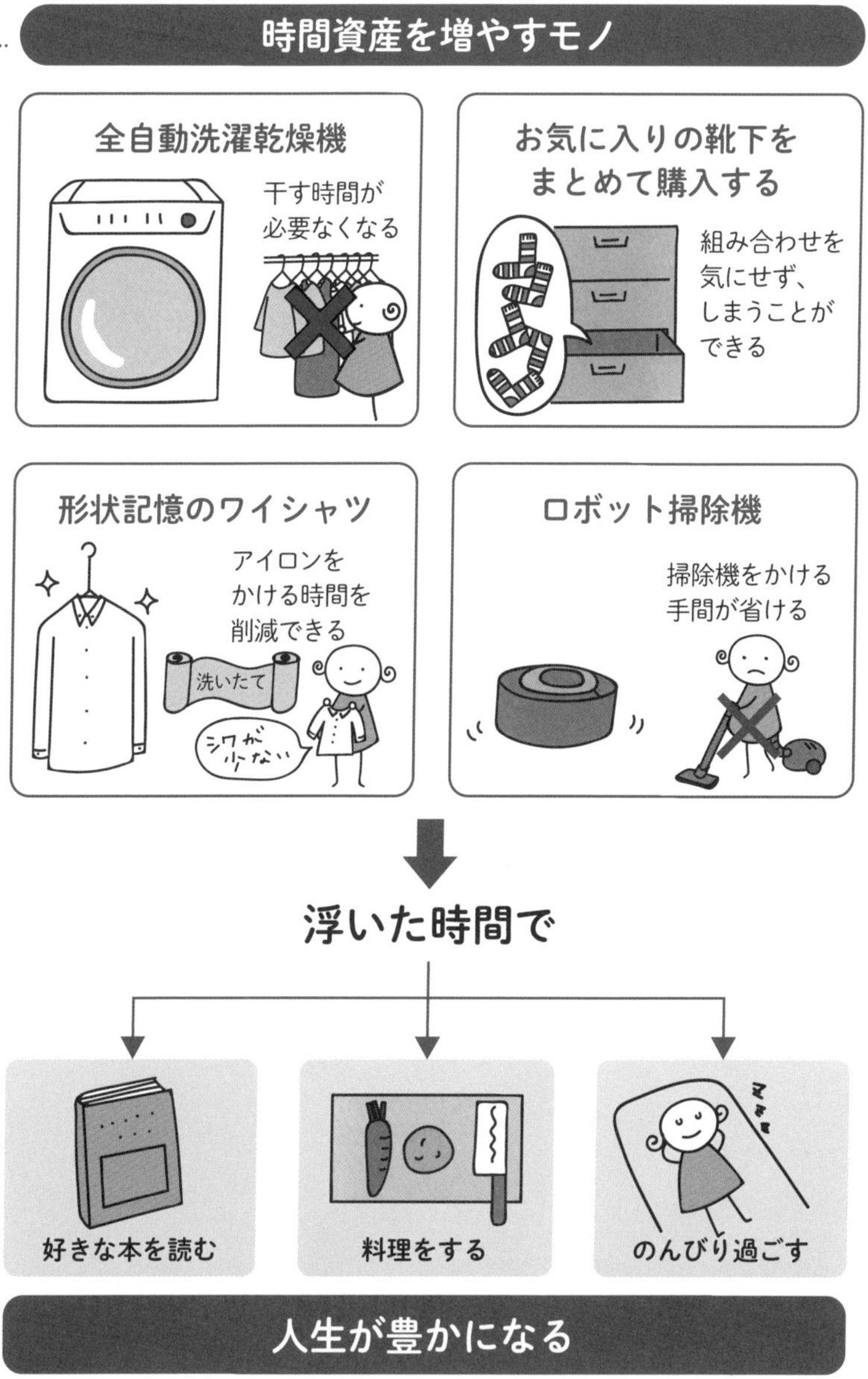
時間資産を増やすモノ
全自動洗濯乾燥機
干す時間が必要なくなる
お気に入りの靴下をまとめて購入する
組み合わせを気にせず、しまうことができる
形状記憶のワイシャツ
アイロンをかける時間を削減できる
洗いたて
シワが少ない
ロボット掃除機
掃除機をかける手間が省ける
浮いた時間で
好きな本を読む
料理をする
のんびり過ごす
人生が豊かになる

時間と人間関係をスッキリさせる

37

仕事の悩みもスッキリ片づける

相手を変えるより、つきあい方を変えるほうが効果的です

問題焦点型と情動焦点型2つに分けて対処する

仕事の悩みは、仕事そのものより人間関係のほうが多いもの。それはなぜでしょうか。会社とは、それぞれが与えられた役割・機能を果たして利益を目指す集団（機能体集団と言います）。ところが、家族や親戚と同じ（共同体集団）と考えるからストレスが増えるのです。**自分が与えられた役割を果たせば、基本的にＯＫ**

だと考えれば気持ちがラクになるでしょう。

仕事の悩みやストレスは「問題焦点型」と「情動焦点型」に分けて対処する方法があります（ラザルスによる）。

問題焦点型とは、ストレス源そのものを解決する方法。パワハラに対して会社の窓口に相談したり、「陰口やグチばかりの飲み会には行かない」など距離を取ることも問題焦点型です。

情動焦点型は、ストレスがもたらす自分の考え方を変える方法。たとえば、ペットの写真を見て和むなど。あらかじめ気分がよくなる方法を決めて、それを実行するなど、**「不快を感じたらこうする」と決めておくと、**ストレス耐性は上がります。

思考がからまってしまうときは、対処法を使ってストレスを軽減しましょう。

ストレス源となる他人は人生の先生だと考えてみる

注意点としては、いきなり大きな対処法を取らないことです。たとえば、職場がイヤだからすぐ辞めるといった対処です。家族に話してみたり、相談機関を利用してみたりするのもいいでしょう。

「すべてのトラブルは成長のチャンス」――そう思えば、人生の糧になるでしょう。どんな経験が将来につながるかわかりません。考え方次第で、**他人はすべて先生になる可能性があります。**先生と考えると、心理的な距離が離れるので、それだけでストレスが減る効果もあります。問題と向き合うことにもなるので、**問題焦点型の前向きな対処**を考えられるようになります。

会社もスキルを学べる学校です。私も、片づけのアドバイザーをしながら、相続の相談に乗ることができるのは、銀行員時代の融資の経験のおかげです。

POINT

「問題焦点型」と「情動焦点型」2つの対処法を使い分けてストレスを軽減する

悩みを解決する２つの対処法

問題焦点型 ストレス源そのものを解決しようとする方法

パワハラに対して

信頼できる人に相談する

同僚とのつきあいに悩んでいる

飲みの誘いを断るなど距離を取る

他人はすべて先生＝学ぶべき相手
客観的な視点でいると心理的な距離が遠くなり、ラクになる

情動焦点型 ストレスに対しての自分の感じ方を変えようとする方法

ストレスを感じた

自分の好きなことをして気分転換

ペットの写真を見て和む

あらかじめ「不快を感じたらこうする」と
決めておくだけで、ストレス耐性が上がる

友達づきあいで悩みすぎない

自分の心がスッキリしていないと、友達との適切な関係は結べません

役割を外してつきあうのが友達

友達は会社の人と違って、つきあいたい人とつきあうもの。自分で距離を調整できますから、本来は悩む必要はないはずです。**それなのに悩んでしまうときは、自分の本当の心に気づいていない可能性があります。**

たとえば、相手への劣等感や嫉妬の下に「相手から認められたい」「もっと親しくなりたい」といった気持ちが隠れていることがあります。**その気持ちに気づければ、適切な距離を取って健全な関係をつくることができる**のです。

不必要な感情だとわかったら捨てる、自分の得意なことに集中して自信をつけるなど、健全な方法はさまざまあります。

「友達」と「役割でつきあっている人」を頭の中で分けるのも大切です。役割でつきあう代表がママ友や仕事仲間などでしょう。その中から友達になる人もいますが、それは役割が外れたとき。役割が外れてもつきあえるのが友達です。

また、**特に役割でつきあう人にはグチはタブー**。たとえば会社の人と飲んでいてグチを言い合っていると、誰かの陰口を叩くような内容になりがちです。それは本人にゆがんだ形で届いてしまいますし、自分の評判も下げてしまいます。

疲れた気持ち、大変な思いに共感してほしいのはわかりますが、自分のイライラも増長させてしまいますから、**誰かに話をする際には「報告」「相談」という建設的な形を心がけましょう。**

逆にグチや陰口を言う相手と出会ったときには、安易に共感を示すのではなく、

「相談」として受け取って前向きな方向に導きましょう。それがむずかしい場合には、その相手とは距離を取ります。

信頼は行動で見る

もし「人間不信になってしまった」と傷ついているなら、見る目を養いましょう。**自分にとって大切な人は、言葉よりも行動でわかります。**自分に大変なことが起きたとき、思いやりのある行動を取ってくれる人は信頼できます。相手の真心は、言葉やお金ではないところに表れるはずです。

POINT
自分自身の心に問いかければ本当の友達がわかる

友達はつきあいたい人とつきあえばいい

友達＝自分で距離を調整できる

スッ

関係で悩むときは、自分の本当の気持ちに気づいていない可能性がある

まずは、自分の本当の気持ちに気づくこと

相手から認められたい
劣等感
もっと親しくなりたい
嫉妬

気持ちを片づける

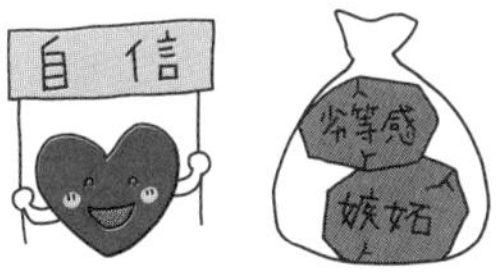
自信
劣等感
嫉妬

得意なことに集中して自信をつける

不必要な感情は捨てる

友達と適切な関係を築くことができる

コツ1 「友達」と「役割でつきあっている友人（ママ友、仕事仲間など）」は分けましょう

コツ2 相手の真心は、言葉やお金ではなく行動に表れます

時間と
人間関係を
スッキリさせる

39

実は一番むずかしい家族との関係

片づけは家族との絆づくりにも役立ちます

環境を整えてコミュニケーションを

よい人間関係を築くのにもっとも難易度が高いのは、実は家族です。家族は関係が近しい分、甘えからコミュニケーションがおろそかになることもあるでしょう。片づけで過ごしやすい空間をつくって、**自然と会話が増える環境を整えることが大切です。**

年老いた親とも片づけで絆を確認する

家族との距離は悩みのタネになりがちです。近くで暮らしていると、互いの生活スタイルに口を出してしまって悩んだり、離れているとそのことに罪悪感を持ってしまったり。特に両親が年老いてくると、離れていることを申しわけなく思う人が多いようです。

家族とは、**片づけをきっかけにコミュニケーションをとりましょう。**特にモノが貴重な時代に生まれた親世代は、モノを捨てるという発想がありません。思い出の品も多く、一方で体力が衰えていくので、片づけや掃除が行き届かないこともままあります。もちろん、いきなり実家を片づけたりすると反感を買ってしまいますから、かつての自分の部屋のモノを片づけながら、隣の部屋のモノを「ついでに捨てる」というスタンスで範囲を広げていきます。庭の伸びている木を手入れする庭師を手配するなど、離れていてもできることはあるはずです。

実家の片づけの際は、同時に次のことを確認しましょう。

・**モノの全体量**　モノが多い家だと片づけに時間がかかることもあるので、親がどれくらいのモノを持っているかを把握します。
・**親の健康状態**　たとえば古新聞がたまっていたら、重いものを持つ力が衰えてきたことなどがわかります。また、どんな薬をどれくらい処方されているかで状態を、薬の保管状態などで健康管理に気づかっているかどうかもわかります。
・**大切なモノ**　片づけ・モノ処分の際には親の思い出話を聞きながら、大切なモノを見極めてあげましょう。
・**財産状況と今後**　リフォームの話から自然と資金や介護プランの話に及ぶこともあります。

POINT

片づけが、家族とのコミュニケーションを呼ぶ

実家の片づけをきっかけに絆を深める

家族とは
コミュニケーションが
おろそかになりがち

↓

実家の片づけをきっかけに
コミュニケーションをとる

↓

片づけることで
過ごしやすい空間になる

↓

自然と会話が増える

片づける際に確認しておくこと

▶モノの全体量

モノの量が、
片づけにかかる
時間の目安となる

▶親の健康状態

古新聞がたまっている
→重いものを持つ力が衰えてきている
処方されている薬と量
→身体の状態がわかる
薬の保管状態
→健康管理に気づかっているか
　どうかわかる

▶大切なモノ

親の思い出話を
聞きながら、
大切なモノを
見極める

▶財産状況と今後

リフォームの話など自然な会話の
流れから、資金や介護プランを
聞いておく

COLUMN

片づけへ誘うパートナーへのコミュニケーション

「夫に片づけをさせるにはどうしたらいいか」は、片づけの講座で必ず出る質問です。男性は、小さいころから組織の指揮命令系統の中で過ごす時間が多い傾向にあります。普段は妻をフラットなパートナーと見ている男性も、いざ片づけるとなると、なぜかピラミッドの関係でとらえてしまうことも……。

そのため、「市役所の基準で分別してゴミ出ししてくれる？」「新聞に出ていたけど、机の上を片づけている人は、出世するらしいよ」など、妻の意見というより、「世間一般の組織でこうなっているから」という理由を添えると、受け入れてもらいやすくなります。

ていねいに説明することも大切です。男性にフライパンの収納場所を伝えるのに、「ここ」だけでは動いてくれません。「コンロのそばにしまうと取り出しやすいから、この引き出しの中にしまって」と詳しく伝えるとうまくいきます。

私自身、外出前に夫に「洗濯機を回しておいてね」とお願いしたら、洗剤も入れずにスイッチを押しただけということがありました。さらに洗濯物は放置されたまま……。だんご状の洗濯物を見て、夜遅く帰宅した私はむなしさでいっぱい。

「洗濯機に洗剤を入れて、洗濯機が止まったら干しておいてね。夕方になったらとりこんで、たたんでクローゼットにしまっておいてね」など、一連の流れを説明しないと、男性は理解ができないわけです。ちなみに夫の名誉のために書き添えておきますが、今では「洗濯お願い」だけできちんとミッションを達成してくれます。

男性は納得して一度、型にはまると、ひとつのことをやり続けてくれる傾向があります。あきらめずに、丁寧にやり方を伝えるといいでしょう。一方、女性は「片づけはたいへんな仕事だ」と共感し、話を聞いてくれることを望むケースが多いです。男性が女性に話すときは「部屋の片づけはたいへんだから、服をしまってくれれば掃除機をかけるよ」などと参加行動型にすると喜ばれます。

第6章

片づけは自分磨き

42

やりたいことができる空間づくり

必要なモノは
ライフスタイルによって変わります。
人と時代は常に変わっていく
ということを念頭に置き、
できるだけ身軽にしておきましょう。
同時に、新しいモノやサービスを
受け入れる柔軟性を
持つようにしましょう。

43

自分の資源を磨き続ける

100人いれば、100通りの片づけ方や
人生があります。
友達や家族、自分の性格、
好きなことや才能を磨き続けましょう。
片づけは、自分の好きなこと、
大事なことに出会う旅。
そして自分を好きになる旅でもあるのです。

第6章

片づけは自分磨き

TIPS 4

片づけは、人生に深く関わっています。
片づけによって自分自身を成長させて
自分のことが好きになり、
自分らしく生きていくことができます。

40

片づけはセルフケア

部屋が片づき、
時間に余裕があり、
よい人間関係に恵まれていると、
ネガティブなことに対して
折り合いをつけることができます。

41

自分にしかできないことを徹底する

片づけとは、自分にとって
本当に必要なモノを選び、
管理すること。
自分の「好き」を徹底して
選び続けることで、
本当の自分を知り、
自分らしく生きることができます。

片づけは
自分磨き

40

片づけはセルフケア

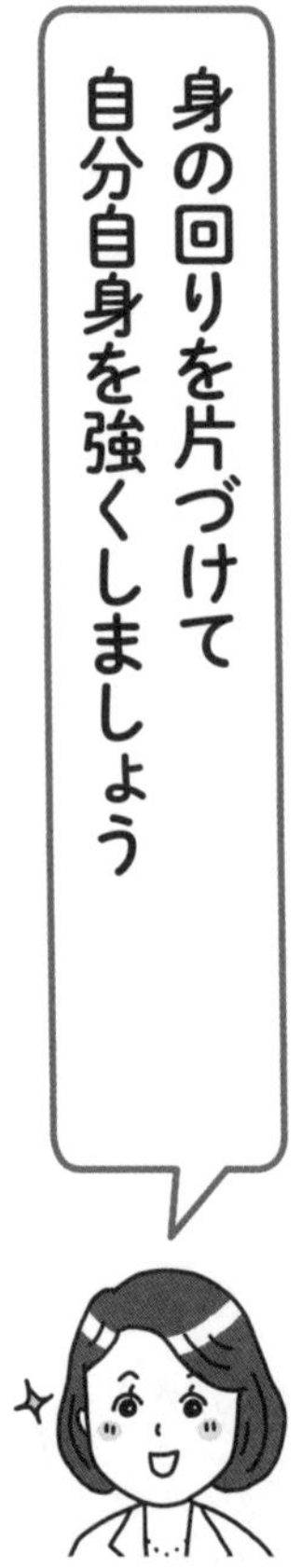
身の回りを片づけて
自分自身を強くしましょう

片づけは、自己管理＝「セルフケア」

自分で自分自身の面倒をみることを、セルフケアと言います。公衆衛生やメンタルヘルスの分野などで大切だとされている概念です。セルフケアの代表といえば、質のよい睡眠とバランスのとれた食事です。他人に代わって行ってもらうことはできません。

以前、片づけサービスを緊急で頼まれたお宅のケースです。ベッドの上まで衣装ケースが積みあげられ、毎晩、斜めの体勢で寝ているとのことでした。寝返りを打つときは足を曲げなければならず、十分な睡眠を確保できていませんでした。また、食事についても、第1章でお話ししましたが、キッチンの居心地の悪さが、朝食抜きや外食が多くなる原因となっています。

風邪をひいたとき、いくら健康ドリンクや高級な風邪薬を飲んでも、十分な睡眠やバランスのとれた栄養をとらなければ治りません。つまり、**自分自身をメンテナンスするためには、身の回りが片づいていることが重要**です。

ネガティブなことに対して折り合いをつけられる

仕事が忙しすぎると、食事や睡眠がおろそかになり、部屋も比例して散らかりがちです。これではストレスもたまるでしょう。

忙しくても、部屋が片づいて、空間に余裕があると、帰ってきてから、家で落ち着いて過ごすことができ、多少のストレスなら、折り合いをつけることができます。また、ゆったりと過ごすことで、リカバリーすることもできるのです。185ページにあるようなストレスの対処もしやすくなります。片づけはたくましく生きていく力を生み出してくれるのです。

人生においても悲しい出来事が起こったり、病気になるといった状況に陥ったとき、**部屋が片づき、時間にゆとりがあり、よい人間関係に恵まれていると、余裕を持って対応し、自己管理＝セルフケアをすることができます。**

セルフケアは、一生、自分でしなければいけない大切なことです。片づけのスキルを磨くことは、セルフケア能力をも高めてくれます。そして、いざというときに、自分自身を助けて、生活を営むためのよい味方となってくれます。

POINT

片づけて余裕を持っておくことで肉体もメンタルもたくましくなる

片づけのスキルを磨き、自分自身を守ろう

自分の身の回りを片づける

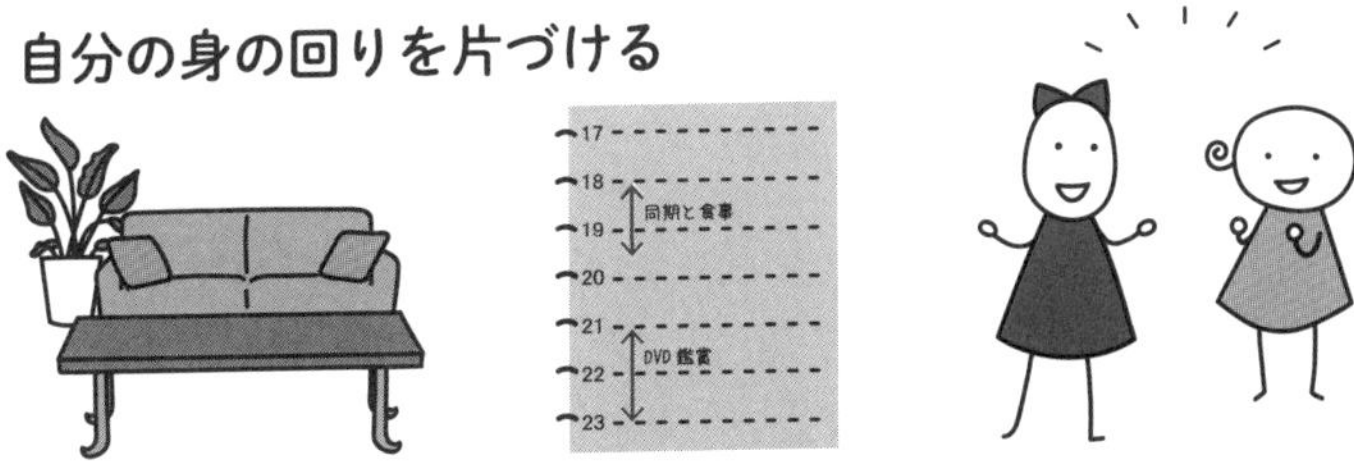
17
18
19
20
21
22
23
同期と食事
DVD鑑賞

空間　　時間　　人間関係

↓

バランスのとれた食事や睡眠がとれる

生命や健康を守るために必要なこと

他人に代わってもらうことはできないこと

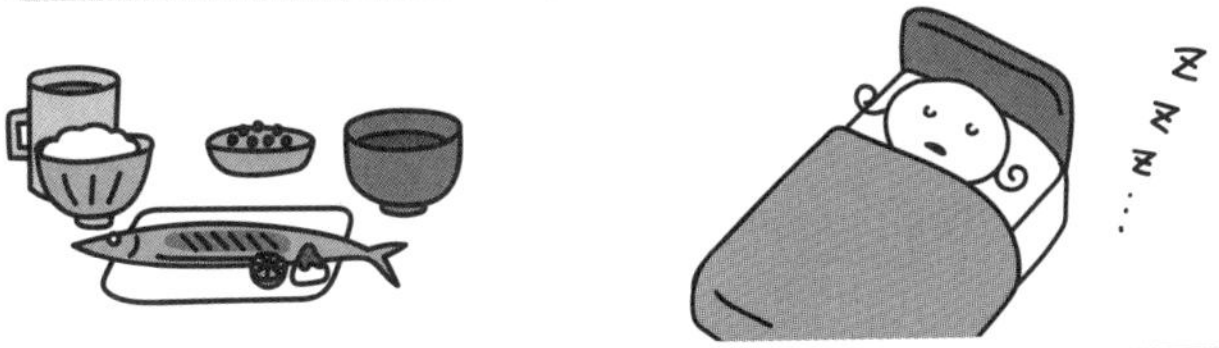
zzz…

↓

悪い状況に陥ったときでも、余裕を持って対応できる

フー
ミスがあったけど
手伝ってもらえて
時間にも
間に合った
さぁ、帰って
家でゆっくりしよう

片づけは自分磨き

41

自分にしかできないことを徹底する

自分の「好き」を選ぶことが
自分らしく生きる土台になります

片づけることは、自分らしく生きること

「自分らしく生きる」ことは、誰にとっても人生の永遠のテーマです。

片づけは、お気に入りのモノや空間、人間関係で身の回りを整えること。そしてそれによってもたらされる充実した時間を過ごすためにすることです。つまり、
片づけることは、自分らしく生きていくことなのです。充実した仕事も、満足で

きる日々の暮らしも、「片づけ」の連続でできていると言ってもいいでしょう。

自分の「好き」を選び続けるのは、自分にしかできないこと

片づけのスキル＝「自分にとって本当に必要なモノを選び、管理する能力」を持つことで、他人に流されることなく、モノも人間関係も時間も自分独自のものにしていくことができます。**自分の「好き」を選び続けることは、自分にしかできないことです。それを徹底することで、自分の好きなモノや人間関係、時間に囲まれ、本当の自分を知り、自分らしく生きることができるのです。**

これまでなあなあで周りに流されて生きてきた人、片づけをしてこなかった人が、自分の価値観を持とうとするのはとてもエネルギーがいることです。これまでの自分を変えるのですから、相当な苦しみを伴うでしょう。変化を嫌い、戻ろうという意識（現状維持バイアス）に流されないようにする必要もあります。

しかしながら、**自分で選んだ「好き」が、大きな後悔となることは決してありません。**それでも挫けそうなときは、変化によってもたらされる将来の自分を思

い浮かべてみましょう。好きなモノや人に囲まれた時間を過ごす自分の姿を想像するのです。前に進める力となるはずです。

SF小説が好きな、医療系の仕事をされている女性の話です。「読書が趣味」というと「暗い」と言われたことがあり、職場では誰にも打ち明けられずにいました。そのうちに読むだけでなく、いつか自分も小説を書いてみたいと思うようになりました。私も一緒に部屋の片づけを進めていたところ、「いつかでなく今書き始めよう」という気持ちになったそうです。そして、コンクールをめざして執筆を始めると、夢を応援してくれる同僚や同じ趣味の友達もできました。自分の好きなことを徹底することが、限られた人生を充実させてくれる、よい例です。

POINT

片づけは、自分の周りを自分の「好き」なものだけにしていくプロセス

片づけで自分らしく生きる

片づけのスキル ＝ 自分にとって本当に必要なモノを選び、管理する能力

↓

自分の「好き」を選ぶ

自分の「好き」は自分しかわからない

好きな友達
好きな○○
好きな○○
好きな本
好きな○○
好きな服
好きな○○
好きな靴

モノも人間関係も時間も自分独自のものになる	本当の自分を知ることができる

↓

自分らしく生きることができる

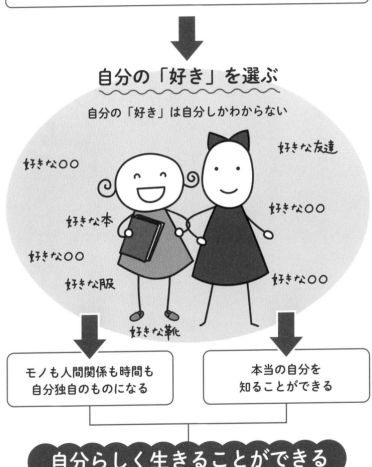

片づけは
自分磨き

42

やりたいことができる空間づくり

変わり続けるライフスタイルと時代に順応する空間にしましょう

人は常に変わっていく

片づけが難しい理由のひとつに、ライフスタイルの変化が挙げられます。

健康状態はもちろん、収入や家族関係、すべてを同じ状態で保つのは難しいでしょう。病気やケガ、会社員でしたら、会社や世の中の景気によって収入が変わったり、結婚や離婚、両親との関係など家族の人数や関係も移り変わります。

また、日本は地震や台風、集中豪雨などによる自然災害の多い国です。それは、天災による住宅被害の可能性が常にあるということです。一方で、子どもの数が減り、空き家が増え、持ち家が幸せの象徴という価値観はすでに神話となりました。**人の価値観もライフスタイルも時代によって変わるのです。人は常に変わっていくということを念頭に置き、できるだけ身軽にしておきましょう。**

片づけることで、そのときどきのライフスタイルに応じて、住む場所を変えたり、新しいモノを持つ余白を持っておくといいでしょう。身の回りを片づけておくと、フットワーク軽く、よりよい人生を選びやすくなります。

変化に順応する

これからの片づけは、時代のスピード感についていくことも重要になってきます。

食洗機が出始めたころ、「ほしい！」と家族に伝えたところ、「女らしくない、手抜き家事だ」とさんざんとがめられました。しかし、食洗機は家事負担を大きく減らしてくれます。いまでは手抜きなどと言う人はほとんどいないでしょう。

スマートフォンがこのように普及することも、服や自転車、家具がシェアできる時代になることも、20年前には予想できなかったことです。こうした技術の進歩による変化は、これからもっと加速するでしょう。

これからの片づけは、手間と時間をかけるより、新しい技術を使った便利なサービスを取り入れる、柔軟性とスピード感が求められているのではないでしょうか。常に最適な方法にシフトしていける空間的・時間的な余裕を持つためにも、片づけておくことです。

それは人生100年時代を生き抜く知恵とも言えるでしょう。

POINT

常に最適なほうへとシフトしていける身軽さを備えれば、よりよい人生を選べる

常にフットワークを軽くしておく

人は常に変わっていくことを念頭に置き、できるだけ身軽にしておく

AIの技術や便利な新しいサービスを取り入れる、柔軟性とスピード感を持つ

片づけは
自分磨き

43

自分の資源を磨き続ける

片づけを通して
自分自身を好きになりましょう

100人いれば100通りある片づけ方

人によって、持っているモノも、部屋のつくりも、家族構成も、仕事も、ライフスタイルも違います。こうしている間にも、自分を取り巻く環境も、常に変化し続けています。そして、年齢と経験を重ね、自分自身、変化し続けています。

「ああいう生き方をしたい」と尊敬するロールモデルがいたとしても、決して同じように生きることはできません。インテリア雑誌に掲載されているのとまったく同じ部屋に住むことができないのと同様です。

自分の生きている時代の中で、自分自身で考え判断していくことが、生きていくということです。

そして自分にとって、いつも何が大事で必要なのかを、モノだけでなく、時間の過ごし方、人間関係も含めて選んでいくことが、片づけです。うわべだけの収納術ではありません。

片づけは、自分の好きなこと、大事なことに出会う旅のようなものです。

100人いれば、100通りの片づけ方や人生があるのです。

自分を愛で育てる

資源というのは、友達や家族、優しさといった性格、絵や文などを創作する才能などといったものです。

片づけで、自分の人生の時間を、自分の好きなことや大切な人と過ごすために使ったり、大事なことに集中して能力を使ったりできるようになるには、自分の資源を磨き続ける必要があります。自分のよさは、案外自分で気づくことができないので、深く自分を振り返る余裕を持ったり、あなたを心から応援してくれる友人や家族からのフィードバックを受けることが大切です。そのようにしながら、成長していくことが、幸せにもつながります。

自分と周りを俯瞰的な視点で見ながら、自分自身の資源を理解して、磨き続けていきましょう。片づけは、**自分の内側を磨き、自分を愛で育てること**でもあるのです。そう考えると、**片づけは自分を好きになる旅**とも言えますね。

皆さんが、片づきますように。

POINT

片づけによって、自分のことが愛せるようになり、自分の好きなこと、大事なこともわかる

片づけは自分のことを深く知る作業

生きる
自分の生きている時代の中で、
自分自身で考え判断していくこと
片づけ
自分にとって、
何が大事で
必要なのか、
モノ、時間、
人間関係を
選んでいく
こと
片づけは、
自分の好きなこと、
大事なことに
出会う旅
100人いれば、
100通りの
片づけ方がある
成長
していくことが
幸せ♡
深く自分を
振り返る
余裕を持つ
片づけを
成功させるためには
自分の資源を
磨き続けなければ
ならない
友達や家族、
優しさといった性格、
絵や文などを創作する
才能など
片づけは、
自分を愛で育て、
自分を好きになる旅
心から
応援してくれる
友人や家族からの
フィードバックを
受ける
もっと
こうしたら
いいんじゃ
ない？
ガンバレ

COLUMN

片づけに迷ったら……「夜片づけ」のススメ

「片づけをやるのはいつがいいのか」という疑問の答えは、その人のライフスタイルによります。忙しくてなかなか時間が取れない人は、夜にやることをおすすめします。

朝起きたときに、片づいたテーブルや廊下が目に入ることで、片づけを実行できたことを感じ取ることができるからです。さわやかな1日を送ることができるでしょう。

そして、午前中の脳がよく働く時間には、あなたが一番やりたいことをしてほしいと思います。すぐに取りかかれる状態になっているだけで、何をするにも効率はぐんとアップします。

以前、私は夜型でだらだらと仕事をしていました。寝る前に片づけをするようにしたら、目覚めよく朝を迎えられるようになって朝型へと変わり、仕事もはかどるようになりました。

夜片づけの習慣化のメリット

- マンションなどで、いつでもゴミが捨てられる場合、夜にゴミ捨てを終わらせることで、**朝の通勤時に余裕が生まれる**
- 夜、入浴前に片づけることで、ほこりをかぶっても、**すぐに洗い流せて気持ちがいい**
- だらだらとお菓子を食べながらテレビを見る時間が減り、**ダイエット**になる。帰りにふらっと甘いモノを買うことも減り、**節約**にもなる
- 寝る直前のSNSチェックを、片づけと床拭きに変えたら、ブルーライトを浴びなくなる。軽く体を動かすため、**寝つきもよくなる**
- 出かける前の片づけは「やらなきゃ」と気が重くなり、後まわしになりがち。「帰宅してすぐにやる」と決めることで、**毎日、5分ぐらいの片づけができることも。**短時間で、過ごしやすい部屋をキープできる
- 寝る前に片づけを終えると、一日の振り返りを手帳に書いて気持ちよく布団に入れる。**明日の段取りも考えやすい**
- 母親が片づけている姿を夜に「見える化」することで、テーブル拭きやゴミのとりまとめなどを**家族が手伝うようになる**

付録

▶片づけ＆掃除テクニック集

▶捨てやすいモノから
処分を始めよう

▶粗大ゴミの捨て方

▶片づけ・整理収納サービスの頼み方

コンセントがある重い掃除機を使っている

コンセントに差し込む手間もあり、なかなか掃除しない

コードレスの軽い掃除機を使っている

気がついたときや汚したとき、パッと掃除できる

デザイン重視で靴を買う

履くと足が痛くなる靴はすぐに履かなくなる

履きごこち第一で靴を買う

歩きやすい靴は重宝する

NG → OK

掃除道具は掃除機しかない

少し気になる程度では掃除しない

ほうきとちりとりがある

ちょっとした掃除がすぐできる／停電時でも掃除できる

NG → OK

出窓にモノを置いている

窓を開けなくなり、部屋の掃除をしなくなる

出窓にモノを置いていない

窓を開けて空気の入れかえをしながら部屋を掃除する

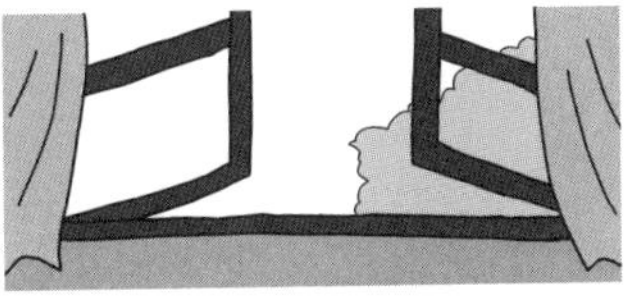

積み重ね収納をしている

中身がわからなくなり、忘れて同じモノを買う

立てる収納をしている

中身が見やすく、収納の際に場所をとらない

欲しいモノがあったら、すぐに買う

モノが増える一方で、部屋がモノであふれる

1つ買う前に、2つ捨てる（2つ目は違うものでいい）

捨てる決断をする間に冷静になることができ、本当に必要なモノだけを買うことができる

NG → OK

寄付やバザーに出すモノを取り置いている

もったいないと思う気持ちだけで行動しないから片づかない

寄付やバザーはすぐに手配し、手放す

手放す気持ちがゆるがないうちに宅配便などで早めに家から出すことで片づいていく

NG → OK

洗面所に固形石鹸がある

溶けて汚れやすい

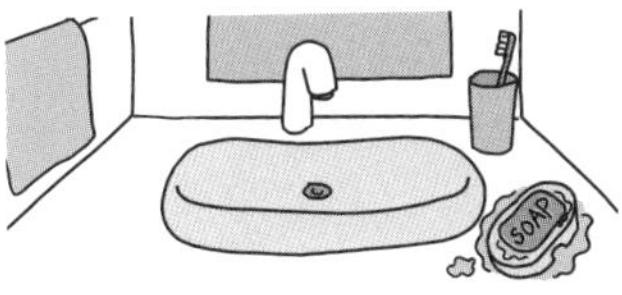

洗面所にはポンプ式ハンドソープを置いている

掃除しやすく汚れにくい

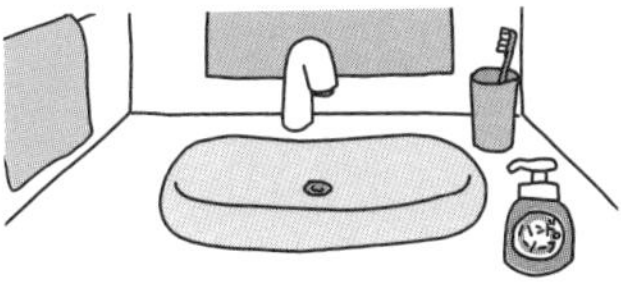

NG → OK

部屋の入口から掃除を始める

キレイにした場所が通り道になり、ほこりなどでまた汚してしまう

部屋の奥から掃除を始める

奥から後退するように掃除すると、キレイにした場所が通り道にならず、汚れない

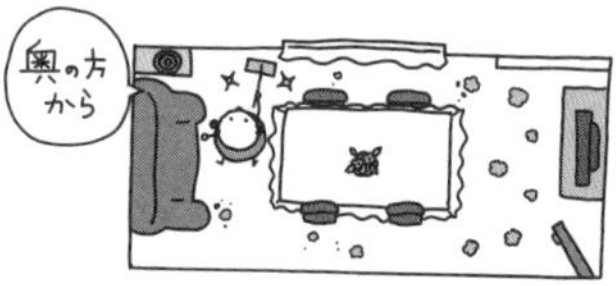

NG → OK

テーブルや床を丸く拭く

角や端を拭き残してしまう

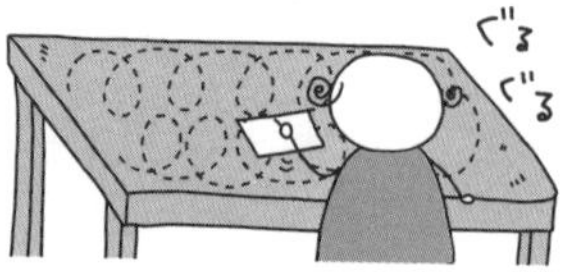

テーブルや床はコの字をかきながら拭く

全面を拭くことができる

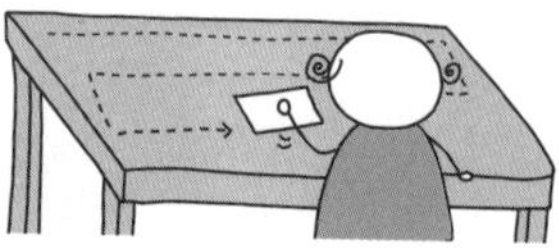

NG → OK

中が見えない収納グッズを使う

何を入れているかわからなくなり、同じモノを買ってしまう

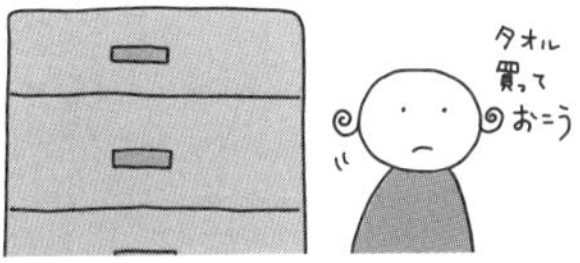

透明または半透明の収納を使う

中身が見える化され、入っているモノがわかる

NG → OK

家に帰ったら、すぐにテレビをつける

ダラダラとテレビを見てしまい、部屋を片づける時間がなくなる

家に帰ったら、ラジオを聴きながら家事を1つ、2つこなす

家事が早く終わり、部屋を片づける時間ができる

NG → OK

サッシを掃除する際は、まず水をかける

水をかけても汚れを動かしているだけなので、キレイにならない

サッシはほこりをブラシで掃き出し、掃除機で吸いとる

ブラシと掃除機で、汚れを取り除くことが肝心

NG → OK

入浴後、浴槽などに水シャワーをかける

カビは、温度よりも湿度を好む

入浴後、浴槽などに熱いシャワーをかける

水分を蒸発させ、早く乾かすと、カビ防止になる。仕上げに水滴をとるとさらによい

NG → OK

あまり使わない重たい食器が手前にある

必要な食器を取り出すのも片づけるのも大変

よく使う食器は中段にある

手が届きやすいので、使いやすく、しまいやすい

NG → OK

畳を重曹や掃除機ロボットで掃除をする

変色するなど、畳が傷む

畳はほうきで掃き、固く絞った雑巾で拭く

畳が長持ちする

PCやテレビの液晶画面をティッシュペーパーで拭く

ティッシュペーパーは繊維が粗いので、画面を傷つける

PCやテレビの液晶画面は、やわらかい布で拭く

マイクロファイバークロスや専用のウエットティッシュを使えば、傷つかない

家具が部屋のあちこちにある

角が増え、ほこりがたまりやすくなる

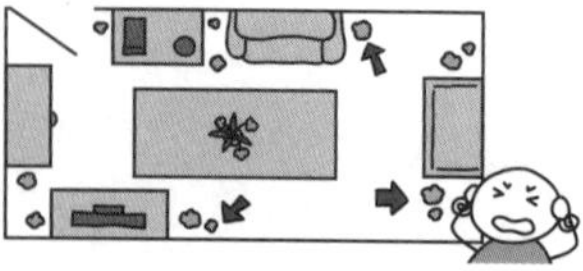

家具は最小限のものしか置かない

角が少なく、ほこりがたまる場所も減る／掃除がしやすい

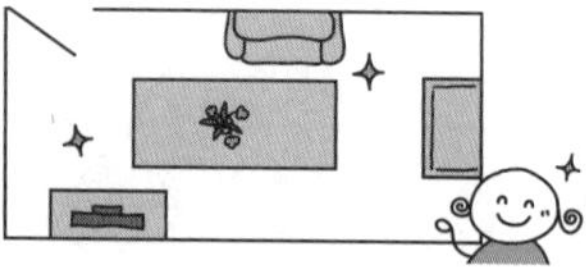

換気する際は、部屋の窓やドアを全部開ける

空気の早い流れがつくれず、換気に時間がかかる

換気する際、風の入口となる窓はてのひら程度開ける

風の入口は小さく開け、対角の出口を大きく開けると、空気の流れができて早く換気できる

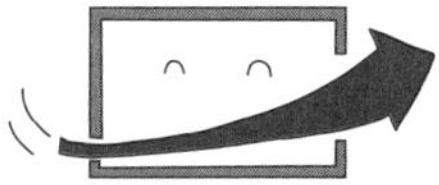

防虫剤を衣装ケースの底にしく

防虫剤の成分は空気より重いので、成分の効果は下に広がっていく

防虫剤を衣類の上に置く

「引き出し用・衣装ケース用」は衣類の上に、「クローゼット用」は中央にかけるとよい

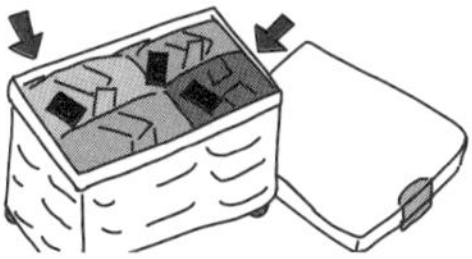

OK

**ゴミ箱を
動線上に置いている**

移動のついでに捨てることができ、後で捨てようとテーブルなどにゴミをためない

OK

**化粧品の試供品は
もらったその日に使う**

肌につけるものは食べものと同じと考える／いつ行くかわからない旅行用にとっておかない

OK

**冷蔵庫には
何も貼らない**

冷蔵庫の前面は広いので、スッキリ感が出てキッチンが広く見える

OK

**紙のお手拭きやティッシュを
キッチンに置く**

ふきこぼしなどの際、使い捨ての汚れ拭きに使え、きれいなキッチンを保つことができる

OK

片づいたテーブルに グリーンを１つ置く

グリーンの世話をすることで、その周りを片づけたくなり、きれいな状態をキープできる

OK

トイレ掃除のたびに、トイレのスリッパの裏を拭く

トイレ掃除で忘れがちな箇所。消毒用エタノールは除菌効果もありベター

OK

重曹風呂や炭酸風呂に 入浴する

入浴剤のかわりになり、残り湯は掃除に使用できるので、一石二鳥

OK

クエン酸スプレーで、浴室やキッチンのカビ対策

水200ccにクエン酸小さじ１加えたものをひと吹きすると、水アカ汚れによい

OK

キッチン作業台の近くに冷蔵庫を置く

使用した調味料などを片づけやすい

OK

ゴムパッキンはエタノールをしみこませた綿棒を活用

冷蔵庫のゴムパッキンなど、消毒用エタノールを使用すれば、掃除と除菌が同時にできる

OK

賞味期限切れや料理で余った小麦粉で油汚れを拭く

小麦粉のグルテンやでんぷんといった成分が油汚れをキレイにする

OK

キッチンの壁は、下から上へ拭く

油汚れは上から下についており、逆方向から拭くと汚れがはがれやすい

OK

朝一番の掃除は拭き掃除をしてから、掃除機をかける

朝、人が動く前に拭き掃除をすると、睡眠中に床に積もったほこりをキャッチしやすい

OK

タオルの色やサイズをそろえる

そろっていることでキレイに見える／輪を手前に収納するとさらに見栄えアップ

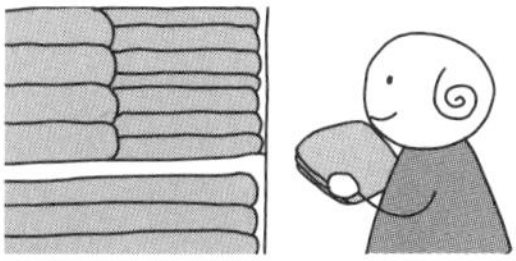

OK

着古したフリースやタイツをフローリング掃除に使う

フリースやタイツはほこりを吸い取りやすい／フローリングワイパーにつけて使うとよい

OK

スキマはまず、ストッキングをかぶせた掃除機で吸う

スキマに落ちていた指輪など、小さなモノを救出できる

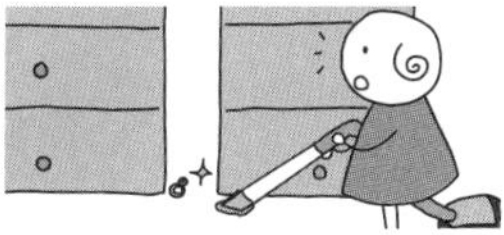

OK

電子レンジの掃除は、古いタオルを水でぬらしてチン

汚れが緩むので、そのままそのタオルで中を拭くとラクに掃除できる

OK

ブックエンドを逆さにして、水筒を収納する

水筒の本体とフタをセットで収納することができる

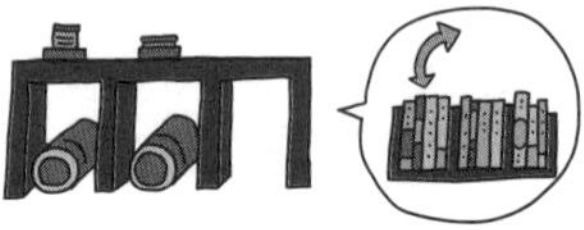

OK

下駄箱の靴はつま先を前に向けて入れる

つま先が見えるほうが、おしゃれに見える

OK

窓ガラスの掃除は曇りの日にやるとよい

湿気が多いのでラクに掃除できる

OK

棚や家電の拭き掃除に余ったリンスを使う

水が入ったバケツにリンスを1、2滴たらして、タオルをかたく絞ると、静電気防止となる

OK

ブラインドは古いソックスを手にはめてほこりを取る

軍手より広い面を掃除でき、そのまま捨てられる

OK

下駄箱に重曹を入れた容器を置く

重曹は弱アルカリ性なので、体臭などの酸性のにおいを中和してくれ、消臭効果がある

OK

ゴミ箱にはゴミ袋を複数枚重ねておく

ゴミを捨てるたびにゴミ袋をかける手間が省ける

捨てやすいモノから処分を始めよう

片づけが苦手な人は、すべてのモノを「全部大事」と思って、とっておきがち。

そこで、捨てやすいモノから順に処分をしていきましょう。

家の中を見回して、**気持ちがあまり入っていないモノを探す**のです。

はじめは、少しでも迷ったら一時保管にして、しばらく経って決心がついたら捨てるとよいでしょう。

捨てるのが惜しいモノは、**リサイクルショップや自治体の資源リサイクルなどを活用**しましょう。問い合わせて、値段がつかないことがわかると、捨てやすくなることもあります。

次のページのリストを参考にトライしてみてください。

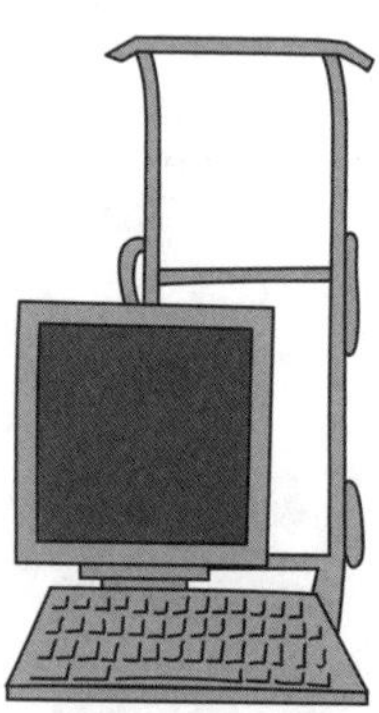

［捨てやすいモノリスト］

□ 2年以上使っていない寝具（古い布団・毛布・マットレスなど）
□ 使っていないじゅうたん・座布団
□ 古い飲み残しの薬
□ 去年使った参考書、ノート、テスト類
□ 壊れた家電（テレビ・ラジオ・ステレオ・ラジカセなど）
□ 使わないキッチン用品（ジューサー・パン焼き器・鉄板焼きセットなど）
□ 使っていない健康器具（ぶら下がり健康器・腹筋マシンなど）
□ 動かない冷暖房器具（古い扇風機・ストーブなど）
□ 使わない編み機やミシン
□ 使わない楽器、スキー用具など昔の趣味のモノ
□ 使っていない家具
□ 型式の古いワープロ・パソコン・プリンター（初期化してデータを消してから）
□ 期限切れのチラシ
□ 2ヶ月以上前のカタログ
□ 2ヶ月以上前の雑誌（バックナンバーは取り寄せできる。とっておくなら書棚で保管。記事だけ必要ならスマホで写真を撮るかスキャンしてPDFに）
□ 賞味期限切れの食品
□ 賞味期限が近い、封の開いた食品（もう食べる可能性が低い乾物など）
□ 使いかけのシャンプーやリンス、使っていないお風呂グッズ（カビが生えやすい）
□ 使っていない重たい掃除機・掃除グッズ
□ 2年以上履いていない靴
□ 2年以上使っていないスーツケース・旅行カバン・ハンドバッグ類
□ 2年以上着ていない毛皮・コート・ジャケット類
□ 期限切れの防虫スプレー（スプレー缶の処理方法は自治体に問い合わせを）
□使っていない植木鉢
□乗らない自転車

粗大ゴミの捨て方

粗大ゴミの捨て方は、自治体によって違い、多くは清掃局などが窓口となっています。インターネットなどで調べるか、電話して尋ねるとよいでしょう。電話をするときには、**「何を」「いつ捨てたいのか」「大きさはどのくらいか」**を答えられるよう、メモにまとめておいてください。

大きさなどにより、料金が決まっていることがほとんどです。クリーンセンターに車で持ち込みができたり、引っ越しなどの事情がある場合には、通常の回収とは別で回収してくれる地域もあります。

家具などの大きなモノで、自分では運び出せない場合には、相談すると、シルバー人材センターなどを紹介してくれることもあります。

また、**マンションや町内会などで、独自のルールが決まっている**場合もあります。該当するかどうか、世話役の人に確かめましょう。

片づけ・整理収納サービスの頼み方

クローゼットだけ、キッチンだけというようにエリアを決めて、通常1～3名で、**依頼主と一緒に、暮らしやすさ・使いやすさを相談しながら片づけを手伝ってくれます。**

棚や部屋の使い方、片づけや掃除のレッスンを行っている業者もあります。

廃棄物の処理免許は通常持っていませんが、廃棄物処理業者を選ぶ手伝いや、頼む前の仕分け作業、見積もりの立ち会いなどをしてくれます。

女性のアドバイザーが多いので、タンスやクローゼット内の貴重品や服、宝飾品といった**女性モノの片づけを依頼するのに重宝**します。

ハウスクリーニングの免許を持っていて、掃除まで依頼できたり、各サービス

は業者によって得意な分野がありますので、調べて依頼するか、試しに2〜3時間お願いしてみるといいでしょう。

依頼をする際には、**「何を」「誰がどのように使うのか」など、部屋やモノの用途、希望の日時をはっきりと伝える**必要があります。

料金

1名／2時間10000円〜、通常は2名／3時間28000円〜で、交通費・税別が多くなっています。また、予算の上限を先に伝えると、可能なメニューを教えてくれます。土日や年末などは休日料金となることがあります。なるべく繁忙日を避けたほうがいいでしょう。継続して依頼すると、割引されるところが多いです。

片づけサービス当日

作業日の当日までに、貴重品や壊れやすいモノは、別室などに移して、自分で管理しておきましょう。片づけ方や処分方法がわからないモノには、付箋を貼るなどしてわかりやすくしておくと、時間を無駄にせず、収納の仕方や、自分に合ったモノの持ち方のレッスンやアドバイスを受けることができます。また、理想の部屋や将来購入したい家具などを伝えると、それに合った片づけ方を提案してくれます。

さらには、普段使っている掃除道具を用意しておき、掃除の仕方や置き場所のアドバイスをもらうとよいでしょう。

おわりに

片づけ講師として一番うれしいのは、部屋を片づけたらパートナーができた、出世した、家族と仲よくなったなどという報告を聞くことです。私自身、この本のもとになるムックの依頼を受けたのは、本や仕事の資料を段ボールで15箱ほど手放した直後でした。

信じられないと思うかもしれませんが、水が川から海に流れるように、風が気圧の低いほうに吹くように、運気は余白スペースに吸い寄せられます。

私自身、仕事と子育ての両立にやっきになっていた頃は、床には散乱したおもちゃ、テーブルに積み上がったプリント類と、さんざんな部屋で暮らしていました。しまいには、片づけに悩んで買った何十冊の本が雪崩を起こして、さらに散らかるという笑い話のようなありさまです。一念発起して片づけを始めると、部屋がリセットされていく進度に合わせるように、心にゆとりが戻ってきた感覚がありました。

そして、経験などから得たノウハウをブログやセミナー等で発信しているうち、講師として呼ばれるように。自然の流れに身を任せていたら、今の自分にたどり着いていました。これも、大切なことに集中できるという、片づけの効果だったのでしょう。

女性問題や社会福祉に関する仕事をしていた頃、そして今も恋人からDVを受ける女性の部屋、家族に問題を抱えた人、仕事や人間関係で悩んでいる人の家などを見る機会があります。決まって、片づかないことに皆様悩んでいました。

さまざまな悩みを抱え、片づけたいと思いながら片づけられなかった方々が、片づけのノウハウを知り、「片づけ行動」をするようになることは、このうえなくうれしいことです。セミナーや執筆など私の現在の活動は、1人でも多くの人の人生が片づけで上向きになれば……という気持ちに支えられているものです。

部屋を片づけて、あなたの人生を輝かせられることを祈っております。

末筆となりましたが、出版の機会をいただきました株式会社ディスカヴァー・トゥエンティワンの干場弓子前社長、谷口奈緒美社長、原典宏様はじめ、編集部と営業部の皆様、編集制作をご担当いただいた株式会社アスラン編集スタジオの野村佳代社長、清友真紀様、一般社団法人実家片づけ整理協会に関わってくださる皆様、大学院でお世話になっている先生方やともに学んでいる皆様、私の講座を聞いてくださったたくさんの皆様、これまで出会ったすべての皆様、ありがとうございました。

渡部 亜矢

片づけの基本

発行日　2019年　11月30日　第1刷
　　　　2021年　12月25日　第2刷

Author　渡部亜矢

Book Designer　【表紙】小口翔平+須貝美咲(tobufune)
【本文・DTP・イラスト】伊延あづさ　佐藤純　吉村堂(株式会社アスラン編集スタジオ)

Publication　株式会社ディスカヴァー・トゥエンティワン
〒102-0093　東京都千代田区平河町2-16-1 平河町森タワー11F
TEL　03-3237-8321(代表) 03-3237-8345(営業)
FAX　03-3237-8323
https://d21.co.jp/

Publisher　谷口奈緒美
Editor　原典宏　大山聡子　谷中卓
編集協力:野村佳代　清友真紀　青木啓輔(株式会社アスラン編集スタジオ)

Store Sales Company　安永智洋　伊東佑真　榊原僚　佐藤昌幸　古矢薫　青木翔平　青木涼馬　井筒浩　小田木もも　越智佳南子　小山怜那　川本寛子　佐竹祐哉　佐藤淳基　佐々木玲奈　副島杏南　高橋雛乃　滝口景太郎　竹内大貴　辰巳佳衣　津野主揮　野村美空　羽地夕夏　廣内悠理　松ノ下直輝　宮田有利子　山中麻吏　井澤徳子　石橋佐知子　伊藤香　葛目美枝子　鈴木洋子　畑野衣見　藤井かおり　藤井多穂子　町田加奈子

EPublishing Company　三輪真也　小田孝文　飯田智樹　川島理　中島俊平　松原史与志　磯部隆　大崎双葉　岡本雄太郎　越野志絵良　斎藤悠人　庄司知世　中西花　西川なつか　野﨑竜海　野中保奈美　三角真穂　八木眸　高原未来子　中澤泰宏　伊藤由美　俵敬子

Product Company　大山聡子　大竹朝子　小関勝則　千葉正幸　原典宏　藤田浩芳　榎本明日香　倉田華　志摩麻衣　舘瑞恵　橋本莉奈　牧野類　三谷祐一　元木優子　安永姫菜　渡辺基志　小石亜季

Business Solution Company　蛯原昇　早水真吾　志摩晃司　野村美紀　林秀樹　南健一　村尾純司

Corporate Design Group　森谷真一　大星多聞　堀部直人　井上竜之介　王廳　奥田千晶　佐藤サラ圭　杉田彰子　田中亜紀　福永友紀　山田諭志　池田望　石光まゆ子　齋藤朋子　福田章平　丸山香織　宮崎陽子　阿知波淳平　伊藤花笑　岩城萌花　岩淵瞭　内堀瑞穂　遠藤文香　オウユイ　大野真里菜　大場美範　小田日和　加藤沙葵　金子瑞実　河北美汐　吉川由莉　菊地美恵　工藤奈津子　黒野有花　小林雅治　坂上めぐみ　佐瀬遥香　鈴木あさひ　関紗也乃　高田彩菜　瀧山響子　田澤愛実　田中真悠　田山礼真　玉井里奈　鶴岡蒼也　道玄萌　富永啓　中島魁星　永田健太　夏山千穂　原千晶　平池輝　日吉理咲　星明里　峯岸美有　森脇隆登

Proofreader　文字工房燦光
Printing　大日本印刷株式会社